まんがでわかる

デザイン思考

［シナリオ・記事］
小田ビンチ
［まんが］
坂元 勲
［監修］
田村 大

目次

主な登場人物

三島雄介

■みしまゆうすけ 25歳

カフェチェーン「SHEE−n(シーン)」の入社3年目社員で品河店の店長。真面目で杓子定規な性格。不採算店の丸の口店への異動を命じられる。

高梨千絵

■たかなしちえ 21歳

「SHEE−n」丸の口店のアルバイトの美大生。元気で明るい性格のムードメーカー。三島とともに丸の口店の立て直しに参加。

大西幸正

■おおにしゆきまさ 67歳

大手文具メーカー「ブブング」の会長。かつて業績が低迷していた自社に「デザイン思考」を取り入れて立て直した。三島に様々なアドバイスをする。

木村

■きむら 20歳

「SHEE−n」丸の口店のアルバイト。プライドが高く完璧主義の大学生。

田中

■たなか 18歳

「SHEE−n」丸の口店のアルバイト。引っ込み思案な文化系。趣味は多彩。

柚木高志

■ゆずきたかし 44歳

「SHEE−n」本社の店舗統括部長。前例、規範にこだわり、冒険をしないタイプ。

※このまんがはフィクションです。実在の人物、団体には一切関係がありません。

第1章

創造的覚悟

新しいアイデアなんて
狙って出せるものじゃない
そんなことできるのは
それこそジョブズとか
一握りの天才だけですよ

CAFE SHEE-n
いらっしゃいませ
！
柚木部長
どうしたんですか
わざわざ店舗に…
…三島
三島 雄介(25)
カフェチェーン「SHEE-n《シーン》」
社員 品河店の店長

ちょっと来い
話がある
STAFF ONLY
え…
ぼ…僕が
あの「魔の丸の口店」の店長ですか!?

「魔」かどうかは知らんが…本社の決定だ
そんな…
CAFE SHEE-n
ひゅううう
丸の口店は誰も立て直せないSHEE-n《シーン》全店中最悪の赤字店で
今では 使えない社員を追い出すための店舗だって…
ぶ…部長!
僕のどこに落ち度があったんですか!?
分からんのか三島…
お前が今まで提出した新メニュー案に販促企画
どれもこれもありきたりで新鮮味がないんだ
…ぼっ……
ぐっ…

僕は…
過去に採用された
メニューや企画を
分析して…
論理的に
きちんと
作りました！
そこだよ…
お前の提案は
確かに理屈は
通ってるように
見える
だが どこか
ありきたりなんだ
魅力がないんだ
そ…そんな
あやふやな説明じゃ
納得出来ません！
きちんと論理的に
説明して
もらえますか!?
…………

お前には創造力がない
都内を中心に30店舗を展開し
さらに拡大を狙うカフェチェーン「SHEE-n《シーン》」
CAFE SHEE-n

新入社員は
店舗配属から
スタートして
現場業務を
覚えながら
「新メニュー」「店舗改善」
「販促企画」の提案を行い
本社配属を目指す
…長
店長
ぼ〜〜…
店長！
こぼしてます
へ
あっ…
うわっ…！
どば〜〜
何か
考えごとですか？
え
いや
別に
三島
お前は
本社採用なのに
ずっと店長で
いるつもりか？

本社は「真面目で堅実な店長」ではなく
SHEE-n《シーン》グループを大きくできる創造力を持った人材を求めているんだよ
納得出来ない
創造力なんて…
良いアイデアを思いつくかどうかなんて偶然じゃないか!
偶然で評価されるなんて論理的じゃない!
わし
わし
悩みごとかなお若いの?
あ…いえお客様
申し訳ございません
まずい!店舗に出てるのに不機嫌な顔してた
にへらっ

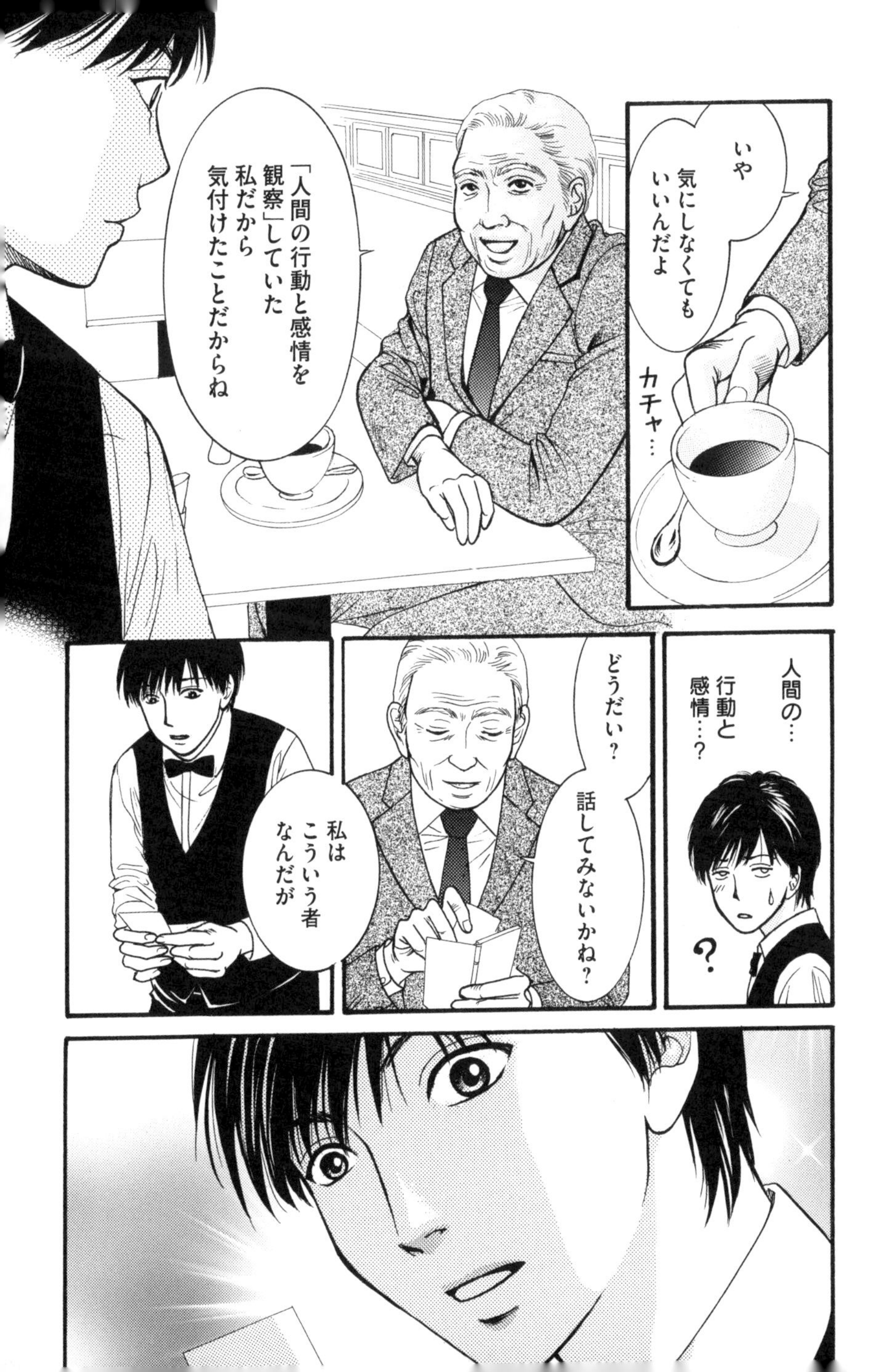
いや
気にしなくても
いいんだよ
カチャ…
「人間の行動と感情を
観察」していた
私だから
気付けたことだからね
人間の…
行動と
感情…？
どうだい？
話してみないかね？
私は
こういう者
なんだが

BUBUNGU
え!?
あの大手文具メーカー「ブブング」の会長!?
といっても息子に社長を譲って半分引退状態の悠々自適なじじいだがね
ホントだ…
こっそりググる
でどうかね?
ひとつこの老人に話してみないかね?
大西幸正(67)
大手文具メーカー会長

ふむ…
今まで誰も黒字にできなかったカフェか
ふははは
面白い！
いえあの…全然面白くないです…
その店にはインプルーブメント（改善）ではなく
イノベーション（革新）が必要なのかもしれんな
イノベーション…？
うむ…
強いて言えば劇的な改善

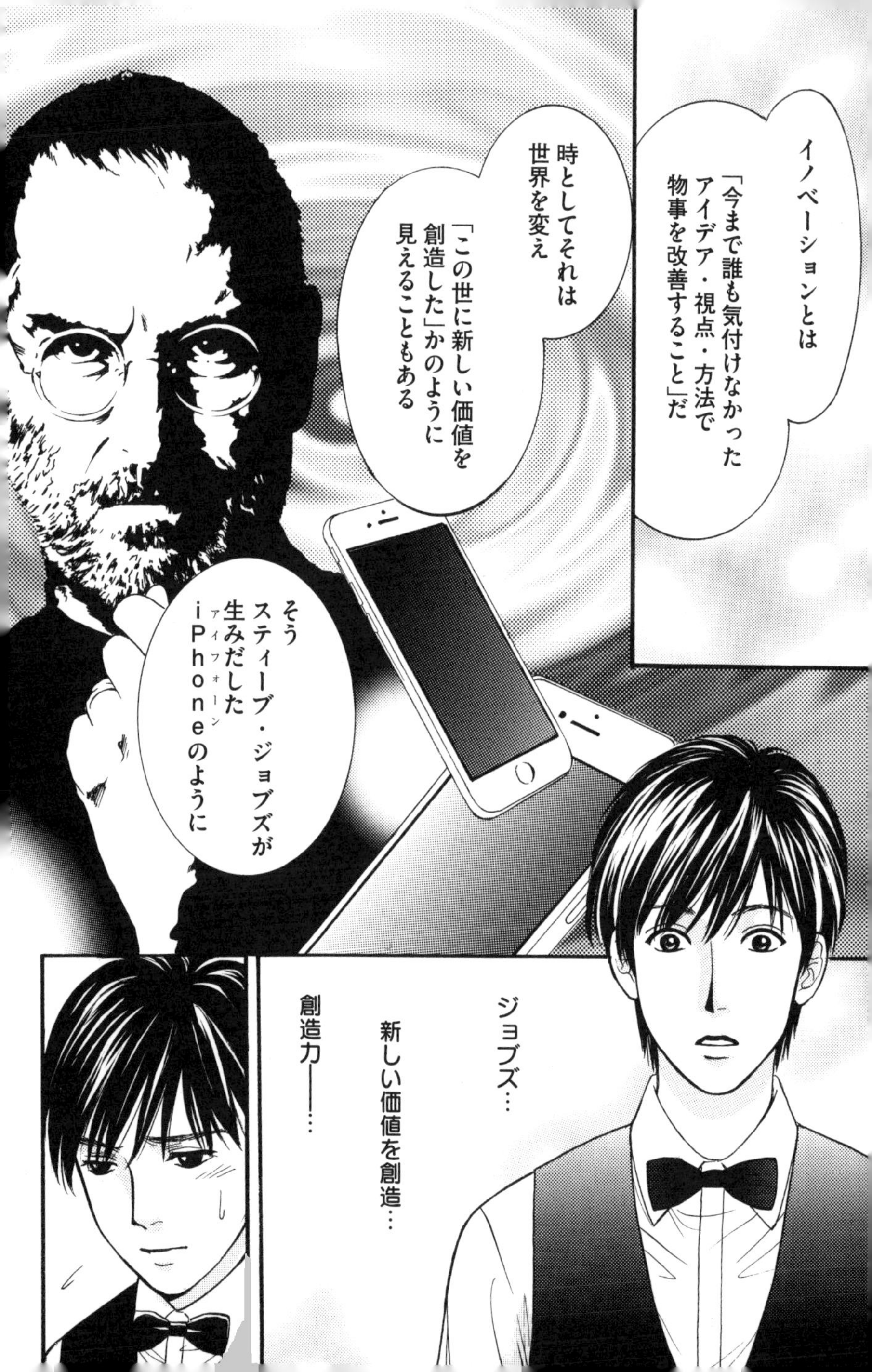
イノベーションとは
「今まで誰も気付けなかったアイデア・視点・方法で物事を改善すること」だ
時としてそれは世界を変え
「この世に新しい価値を創造した」かのように見えることもある
そうスティーブ・ジョブズが生みだしたiPhone《アイフォーン》のように
ジョブズ…
新しい価値を創造…
創造力――…

それなら…やはり僕には丸の口店を立て直すのは無理です
新しいアイデアなんて狙って出せるものじゃない
そんなことできるのはそれこそジョブズとか一握りの天才だけですよ
ある
芸術家や起業家だけじゃなくすべての人間に創造力はある
ただ それに気付いてないだけだ
う…嘘だ！
だって僕は超凡人…
そうか…そう思うならしょうがないな
ガタッ
わーっ!!
今のウソ！今のはウソです待ってくださいーっ!!
ど…どうすれば…
どうすれば創造力を発揮できるんですかっ!?

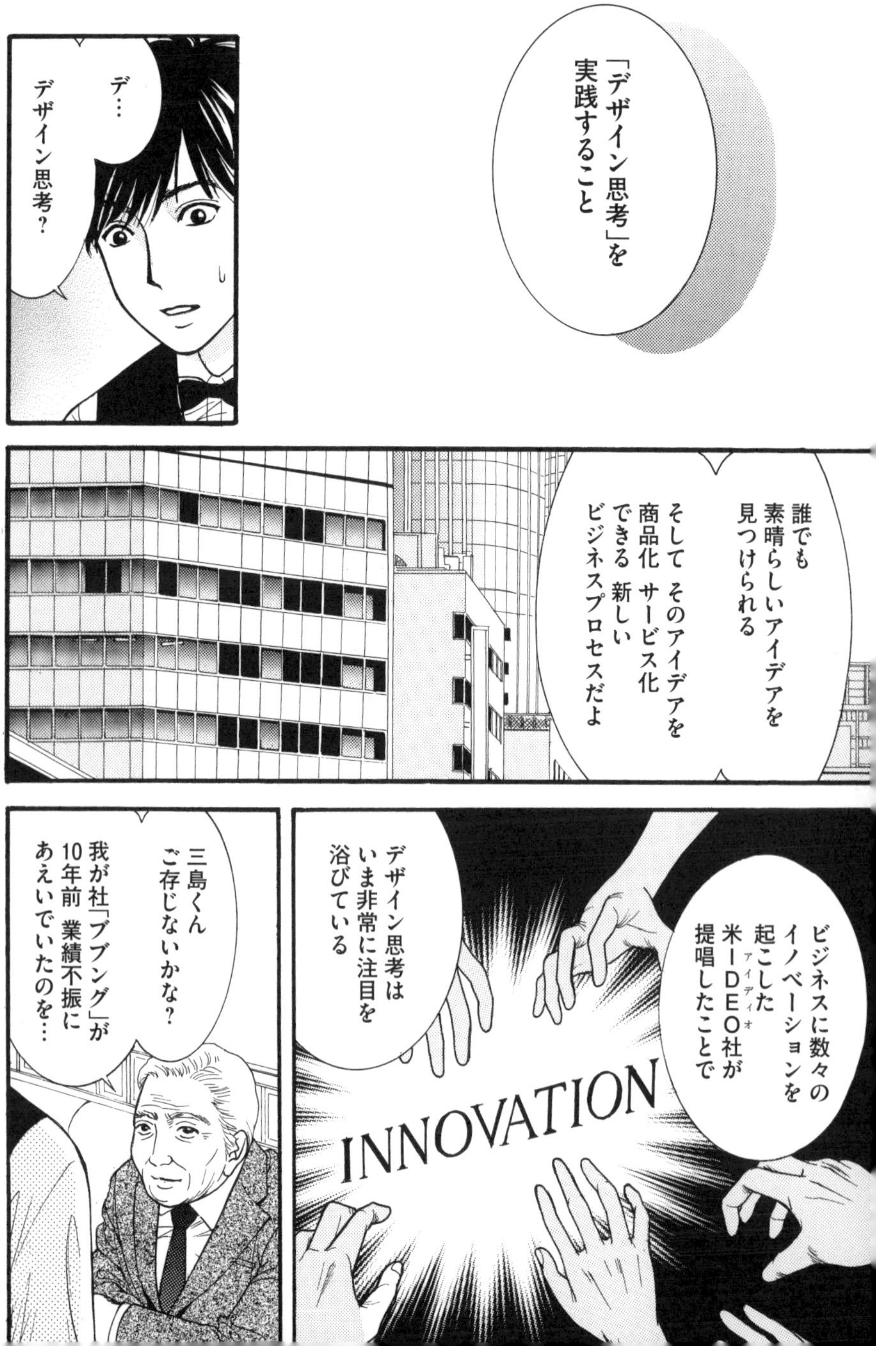
「デザイン思考」を実践すること
デ…デザイン思考？
誰でも素晴らしいアイデアを見つけられる
そして そのアイデアを商品化 サービス化できる 新しいビジネスプロセスだよ
ビジネスに数々のイノベーションを起こした米IDEO《アイディオ》社が提唱したことで
INNOVATION
デザイン思考はいま非常に注目を浴びている
三島くん ご存じないかな？
我が社「ブブング」が10年前 業績不振にあえいでいたのを…

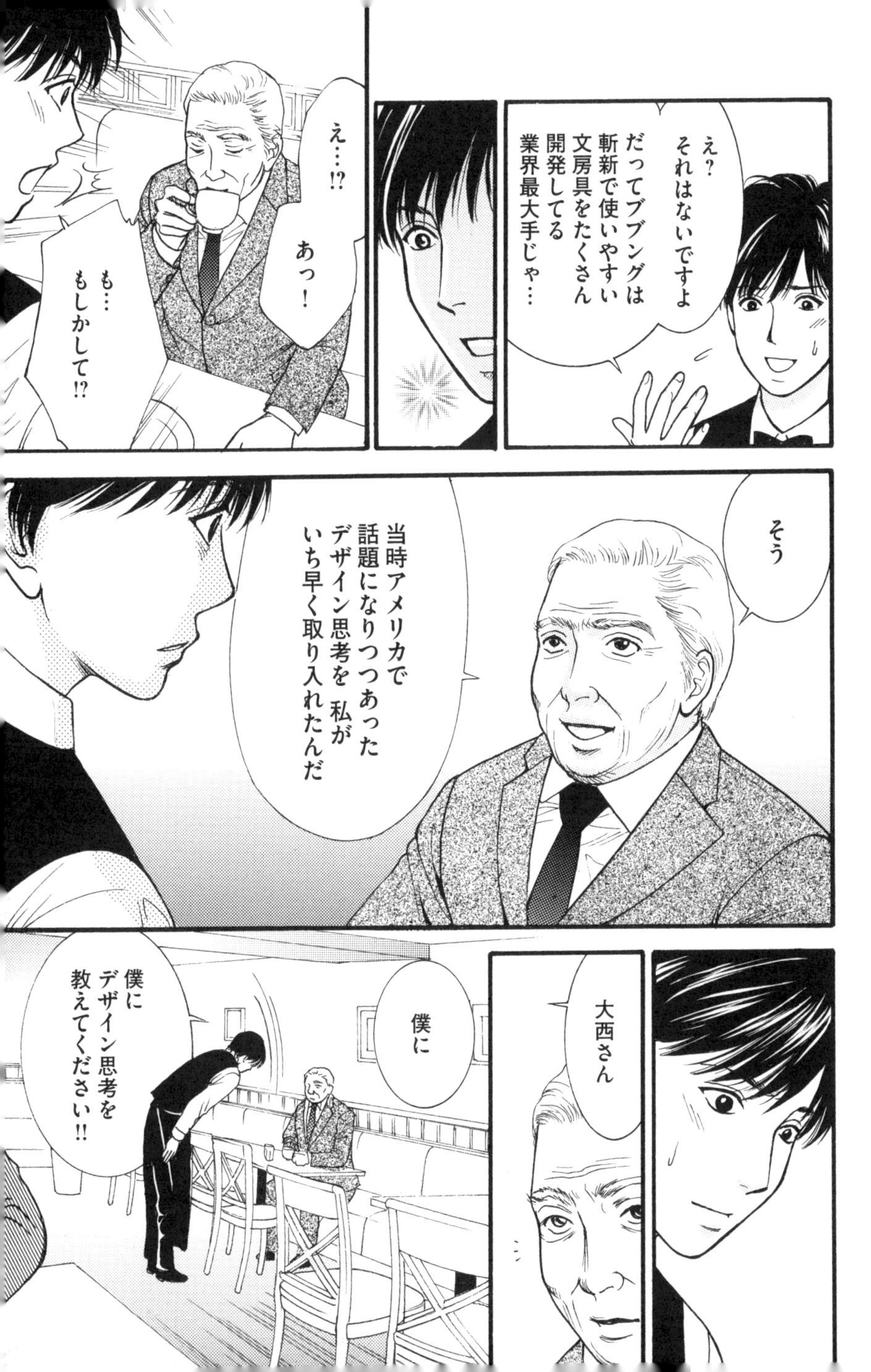
え？
それはないですよ
だってブブングは
斬新で使いやすい
文房具をたくさん
開発してる
業界最大手じゃ…
え…!?
あっ！
も…
もしかして!?
そう
当時アメリカで
話題になりつつあった
デザイン思考を 私が
いち早く取り入れたんだ
大西さん
僕に
僕に
デザイン思考を
教えてください!!

分かった
だが一つだけ条件があるよ三島君
さて…君はその条件をのめるかな?
SHEE-n《シーン》 本社
転勤手続きか…
人事課どこだっけ?
三島!

あれ？2人ともどうして？
春の新メニュー企画のプレゼンよ
まあ三島君には関係ない話よね
それより丸の口店の件聞いたぜ
ポンッ
いや～同期が一人減るのはさみしいな～
ちょっとー
まだ確定じゃないんだからそんなこと言っちゃかわいそうよ
だってよ～
真面目だけが取り柄の頭の固～い三島クンに
あの丸の口店を黒字化させるアイデアなんて思いつけるわけないじゃん
それもそうねー
くすくす…

……
あれっ 傷ついちゃった？
本当のこと言っただけなんだけどな
ちょっと！言いすぎ
いや
思いつくよ
え。。
デザイン思考に必要なのは「自分には創造力がある」という覚悟だ！
考えてみたらいい
「私には無理だ…」
「私なら絶対やれる!!」
事を成す可能性が高いのはどちらなのかを…

だからまず覚悟して
思い込んでみるんだ
「自分には
周囲の世界を変える
創造力がある！」とな
僕には
創造力がある…
創造力がある!!
お…
おい？
わっ!?
がばっ
僕はきっと
そのアイデアを
思いつく！
そして
イノベーションを起こして
丸の口店を黒字化させる
デザイン思考で!!
み…
三島!?

解説1

「デザイン思考」はイノベーションを起こすプロセス

「良いアイデアはないか?」

仕事をする中で上司からこのように問われた、もしくは自ら悩んだ経験は誰にでもあるのではないでしょうか。

あなたの仕事に課題がある限り、そこには「良いアイデア」が求められます。それは会社の資本と人間を使って何をするのかといったことから、目の前で激怒している客にどう対応するのかまで、仕事の大小・業種・職種を問いません。

ところが良いアイデアには「なかなか思いつけないからこそ良いアイデアである」という側面があります。特に「イノベーション」を起こすようなアイデアに至っては、普通の人々には思いつけない、天才のひらめきなのだと考える人も多いかと思います。

そのような中、2000年代中頃、アメリカ・シリコンバレーで注目されたのが、デザインコンサルティング会社・IDEO《アイディオ》社です。アップルの最初のマウスをデザインし、

iPod《アイポッド》の商品開発に深くかかわったことで広く知られる企業であり、医療機器からキッチン用品、さらには銀行の金融商品まで「デザイン」し、「世界で最もイノベーティブな企業25社」（米『ビジネスウィーク』誌２００６年）にデザインコンサルティング会社として唯一選ばれました。

そしてそのＩＤＥＯ社が提唱したビジネスプロセスが「デザイン思考」なのです。

「イノベーション」とは何か？

大辞泉（小学館）のイノベーションの項目には「①新機軸。革新　②新製品の開発、新生産方式の導入、新市場の開拓、新原料・新資源の開発、新組織の形成などによって、経済発展や景気循環がもたらされるとする概念。（中略）狭義には技術革新の意に用いる」と記載されています。またＩＤＥＯ社副社長のトム・ケリーは著書『イノベーションの達人！』（早川書房）の中で、イノベーションを「新しいアイデアの実施を通じて価値を創造する人びと」と定義しています。

「新製品の開発～」と「新しいアイデア」は対応し、経済発展や景気循環がもたらされるのは創造された価値によると考えれば、両者の定義は類似しているといえます。後者が定義の結語を「人びと」とするのは、「イノベーションは科学技術さえあれば生まれるものではない。人間の持つ強い意志・不屈の努力・それぞれの創造力をもって人間が人間のために成し遂げるものだ」というトム・ケリーの強い信念によるものでしょう。トム・ケリーの定義にある「新しいアイデア」は人間が思いつくものであり、「価値」は人間にとっての価値であることもそれを示しています。

さて、イノベーションの定義を明らかにしたことで新たな疑問が生じます。どうしたら「新しいアイデア」を思いつけるのか？　そもそも価値とは何か？　どのようなモノに価値があるのか？

本書ではまんがを通じてそれを明らかにしながら「新しいアイデアの実施を通じて価値を創造する」デザイン思考のプロセスを解説していきます。

第2章

着想①「潜在的ニーズ」

料理が美味しいから売れるんじゃなくて料理が美味しいのが「嬉しい」から売れるんだ！
その通り

CAFE SHEE-n
カフェチェーン
SHEE-n《シーン》
丸の口店
この店を立て直すのは不可能だ
源 哲史(35)
丸の口店 前店長
え？

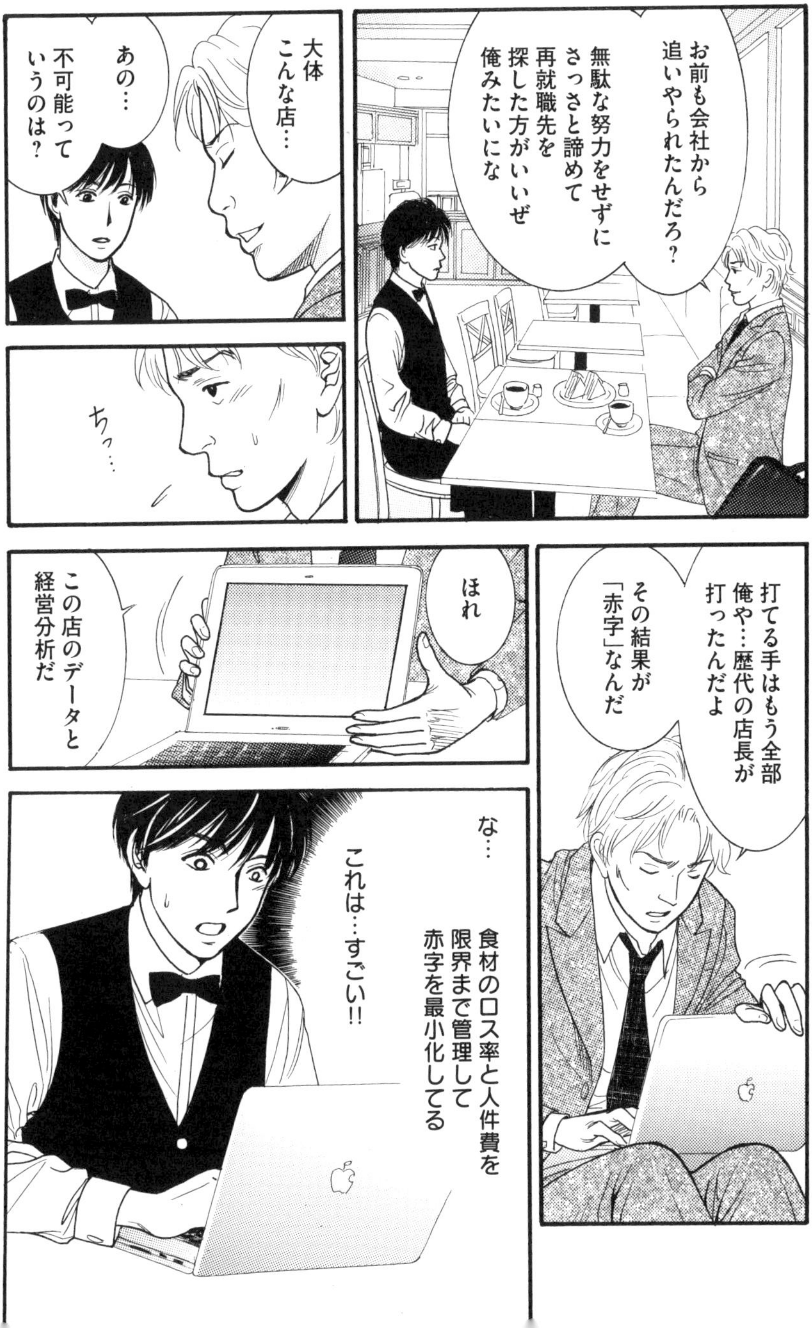
お前も会社から追いやられたんだろ？
無駄な努力をせずにさっさと諦めて再就職先を探した方がいいぜ俺みたいにな
大体こんな店…
あの…不可能っていうのは？
ちっ…
打てる手はもう全部俺や…歴代の店長が打ったんだよ
その結果が「赤字」なんだ
ほれ
この店のデータと経営分析だ
な…
食材のロス率と人件費を限界まで管理して赤字を最小化してる
これは…すごい!!

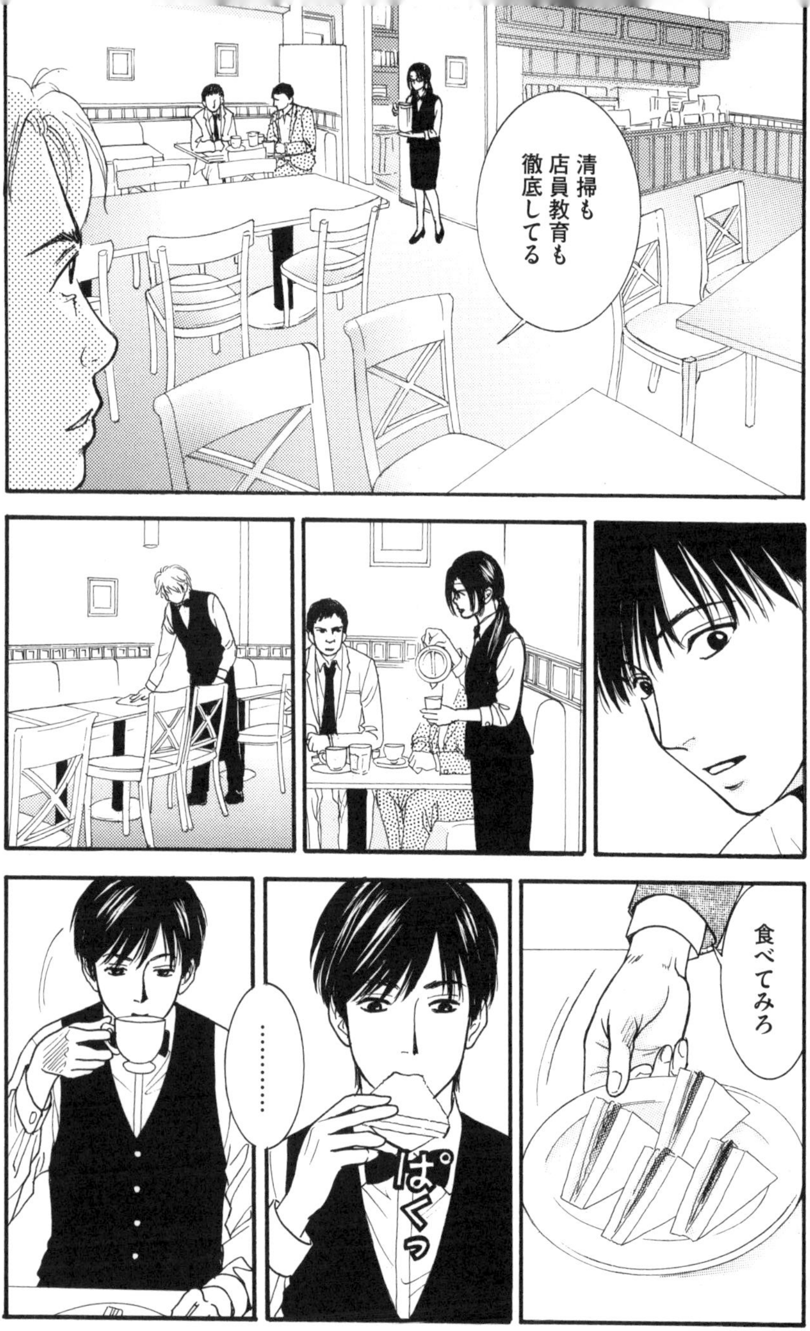
清掃も
店員教育も
徹底してる
食べてみろ
……………
ぱくっ

フードも
コーヒーも
美味しい
品河《ウチ》店と
同じ材料・レシピで
作ってるはずなのに
この店舗経営は
SHEE-n《シーン》の中でも
トップレベルなんじゃ…
ごくっ…
納得できませんよ!
このクオリティで
どうしてこの店は
赤字なんですか!?
どうして?
客が
来ねぇからだよ

宿り木亭
なんだあれ…
……行列？
店長！買ってきました〜
おう
カフェ「宿り木亭」のもちふわパンケーキだ
食べてみろ
CAFE YADORIGI

うまっ!!
なんだコレ!?
生クリームはあっさりしてて甘すぎなくて
すごく上品なきめ細やかさでパンケーキの甘さと絶妙にコラボレーションしてる
生地は表面がカリッとして歯ごたえがあって…
でも さらにかむと中のもっちりふわふわした食感が気持ちいい
どんな生地でどう焼いたらこんな食感になるんだろう?
これは…これは…
ああ…
しあわせ♥
来週から毎日通おう!!
ばく
ばく

はっ…
美味いだろう?
どうあがいても
チェーン店のウチじゃ
この味には
太刀打ち出来ない
それで
数代前の店長が
対抗策を考えた
ゆったり腰が沈む
深めのソファー席を
増やしたんだ
あわただしい行列店に
対抗するなら
リラックスだろうとな
でも
焼け石に
水だった
分かっただろ?
ガタッ
どうあがいても
この店を
黒字化するのは
無理ってことがな
ま
頑張れとは
言わねぇよ
じゃあな

三島君
どんな感じだい？
…変装…？
のつもり？
驚きました　大西さんが言った通りでした
歴代の店長達はあらゆる対抗策を考え出来る限りの努力をしてきたが状況は変わらない
うむ　しかし「過去に何が成功・失敗したか」を知ることは非常に重要だ
「もうイノベーションが不可能な理由」をいくつも提示してくるだろう

だから
専門家が語る知識を
真摯《しんし》に聞いて
「理解」するんだ
イノベーションを起こし
いずれ「それら」を
打ち破るために
さあ
これで
準備が出来た
デザイン思考の
プロセスを始めよう
はい！
デザイン思考の
最初のプロセスは
「着想」という
着想
着想は
イノベーションの柱
「潜在的ニーズ」を
見つけるプロセスだ
着想
発案
実現
ぺたっ
潜在的ニーズ…？

人の欲求は2つに分けることができる
一つは既に皆が知っている欲求「表面化されたニーズ」
このニーズに対するモノ・サービスは既に市場に存在する
そしてもう一つがまだ誰も気付いていない「潜在的ニーズ」
当然このニーズに対するモノ・サービスは市場に存在しない
なるほど！
誰も知らなかった潜在的ニーズを見つければ…
既存のモノ・サービスと似たようなものを作って不毛な消耗戦をすることを回避できるんですね！
着想
発案
実現
その通りだよ

しかももし見つけた潜在的ニーズがより本質的なもの…つまり人間にとって強い欲求だった場合
その潜在的ニーズから生まれたモノ・サービスは多くの人間の生活を変えるつまり「イノベーション」が起こるんだ
どうすれば潜在的ニーズを見つけることが出来るんですか⁉
客を「観察」するんだ
へ…？
ちょ…ちょっと待ってください！僕はもう3年間SHEE-n《シーン》で働いてるんですよ
お客様の観察なんてもう十分してます

それに観察しなくても
この店の問題点は
明らかじゃないですか!!
チョー美味しい
宿り木亭の
パンケーキですよっ
そうですよ!
観察なんて
必要ないですよっ
ばあんっ
宿り木亭の
パンケーキが
美味しすぎるのが
悪いんです!!
おかげで私
3キロも
太っちゃったし!!
あれ…君は確か
さっきパンケーキを
買ってきてくれた…?
び…
びっくりした…
バイトの
高梨千絵でーす
なんか
「デザイン」って
聞こえて
私 美大生なんで
気になっちゃって
もぐ
もぐ

――って君！何食べてんだっ
あさっき自分の分も買ったんです
おいしいですよね～♡
就業中に飲食しちゃ駄目だろ！
もむもむ
はぁ～～～い
あ～～今度の店長は堅物だな～
そういう問題じゃないっ
それでえっとお客…様？
大西といいますお嬢さん
大西さん　このお店でお客様アンケートを取ると
「宿り木亭のパンケーキと同じくらい美味しい商品が欲しい」って意見が一番多いんです
これは確かに「潜在的ニーズ」じゃないかもしれないけど…
最優先で応えなきゃダメなモノ
うん　お客様の最も強い「本質的な欲求」だと思うんです
はいはいっ!!
俺もそう思います大西さん!!

「客の声」を安易に信じるのは危険だな
えーっ!?
お客様の要望を聞くのは改善の基本だと思うんですけど!?
ならば想像してみなさい
30年前 外出時の電話について人々に要望を聞いたら「公衆電話の設置ポイントをもっと増やして欲しい」と言っただろう
200年前 より良い移動手段について人々に要望を聞いたら「もっと速い馬が欲しい」と言っただろう
「未来」を客に聞くのはやめた方が良い
客は自分の知っている現実と比較してしかモノを言わない
な…なるほどー!!
おいおい…速攻で丸めこまれてる!?

それに三島君
君は本当に
宿り木亭の
パンケーキに
対抗する気かね？
さっき自分で
言ってたじゃないか
潜在的ニーズを見つければ
既存のモノ・サービスと
似たようなものを作って
不毛な消耗戦をすることを
回避できるんですね！
あ…！
？
大西さん…
客に聞くのは
やめた方がいいと
いうのは
納得できました
でも なんであえて
「観察」なんですか⁉
僕は毎日
お客様を
見ています
POSで
購買統計データを
分析した方が
まだ新しい発見が
あると思うんです！

なぜ観察をするか…？
それはね三島君
うれしい 楽しい 安らぐ 気持ちいい…
この世のモノ・サービスはすべて対象となる「人間の心」をポジティブにするために存在するからだよ
は…？
あ…
あー!!そういうことですか!!
料理が美味しいから売れるんじゃなくて料理が美味しいのが「嬉しい」から売れるんだ！
その通り

重要なのは「人の心を満たすこと」だ
「美味しい」はその手段の一つにすぎない
人の心を満たす方法は数限りなくあるのだよ
だからデータ分析じゃなくて観察なんですね！
切り取られた数字より「人の心」が見えるから！
正解だ高梨君
やったあ♪
ぽつん…
「僕は過去に採用されたメニューや企画を分析して論理的にきちんと作りました！」
…………

僕は…
僕は思い知っていたはずなのにまた同じミスを…
でも…
でも!!
大西さん僕は観察します!!
僕には創造力がある
そう信じて前に進むって決めたんだ!!
ではデザイン思考の観察を教えよう
イノベーションは見ることから始まるんだ

解説2

潜在的ニーズを見つけ出すプロセス「着想」

新たにモノ・サービスを創り出す際は、「対象とする人間の心に現在よりポジティブな感情をもたらすためには、どのような欲求を満たすべきなのか?」という問いからスタートしなければなりません。その問いの結論によって、どの手段を採用するかが決まるのです。顧客を見ることなく固定観念や過去の成功体験などを根拠にして手段を決定すると、開発側の独りよがりなモノ・サービスが出来上がりかねません。

例えば飲食店にとって「美味しさ」は重要な手段ですが、それは顧客がお店から受け取るすべてではありません。製造業において「軽量化」することで商品が顧客に受け入れられたとしても、その商品のさらなる軽量化が次も同様に顧客に受け入れられるとは限らないのです。

またポジティブな感情は「嬉しい」「楽しい」などに限りません。例えば車道と歩道を隔てるブロックは、そのブロックがない状態でその道を通ることを想像してみれば、通行する人間の心に「安心感」というポジティブな感情を生み出していることが分かります。

人の心を大きく満たす「潜在的ニーズ」

次ページの図のようにデザイン思考は「着想」「発案」「実現」の3つのプロセスから成ります。最初のプロセス「着想」は、「ソリューションを探り出すきっかけになる問題や機会」（『デザイン思考が世界を変える』早川書房）と定義されており、具体的には、価値あるモノ・サービスの開発につながる手掛かりを見つけるプロセスです。そしてデザイン思考では「潜在的ニーズ」こそが、見つけるべき重要な手掛かりだと考えています。

人間の欲求は、「表面化されたニーズ」と「潜在的ニーズ」の2つに分けることができます。表面化されたニーズとは、対応するモノ・サービスがすでに市場に存在するニーズ。潜在的ニーズとは、まだ誰も気づいていないか、現時点で

手段は目的化しやすい

固定観念にとらわれる

「飲食店だから
より美味しい料理を作るべきだ」

競合と比較

「A社が新機能を搭載したから
我々も機能を増やす」

過去の成功体験を絶対視する

「軽くてコンパクトな商品を開発して大ヒットした。
だからもっと軽量化とコンパクト化を進めるべきだ」

市場に存在するモノ・サービスでは満たされていないニーズです。
表面化されたニーズは既存の製品によってある程度満たされているため、新規の開発でそれらを大きく抜きんでるモノ・サービスを創り上げることが難しく、飛躍の余地が少ないニーズといえます。対して潜在的ニーズは、見つけることさえできれば他のモノ・サービスと容易に差別化が可能であり、これまで誰も満たしていないがゆえに大きく飛躍する可能性があります。また顧客にもたらすポジティブな感情が大きければ大きいほど、それは成功します。「今まで満たされたことのない欲求を満たされる」「自分ですら気づいていなかった自分の欲求を満たされる」という経験は、大きな満足感を人間の心にもたらすのです。
イノベーションというと科学的な技術革新が必須のように思えますし、実際に新しい科学技術がイノベーションに大きな役割を果たすことも多いことは事実です。しかし重

デザイン思考の3つのプロセス

「着想」	ソリューションを探り出すきっかけになる問題や機会
「発案」	アイデアを創造、構築、検証するプロセス
「実現」	アイデアをプロジェクトルームから市場へと導く工程

要なのは、人間に注目し、潜在的ニーズを見つけ、満たすことです。例えばｉＰｈｏｎｅ《アイフォーン》は既存の技術を組み合わせて創られました。また近年話題の外食企業『俺の株式会社』は、立食業態を採用することで「一流シェフの料理をリーズナブルに食べられる」というイノベーションを起こしました。

「観察」で潜在的ニーズを見つける

「ニーズを探れ」と言われた時、パッと思い浮かべる方法は、アンケートやインタビューで「顧客に直接聞く」か、顧客の購買動向を調べるＰＯＳシステムなどの「統計データを分析する」ことではないでしょうか。

しかし、潜在的ニーズを見つける手法としては両者とも最適な手段とはいえません。アンケートやインタビューで人間に直接聞いた場合、まんがの中で大西が言及したように、得られる答えは「その人間の常識」というバイアスがかかったものになります。

例えば15年前にレンタルＤＶＤサービスについて人々に聞いたとしたら、「なるべく家の近くに、夜遅くまで営業している店舗が欲しい」と答えたでしょう。しかし現在では映像配信サービスによって、自宅にいながら観たい映画を観られる環境が整っています。つまり15年前の人々は「すぐに映画が観たい」という真の欲求を、自分の常識によって「家の近くで深夜営業している店舗」に置き換えたのです。
IDEO《アイディオ》社副社長のトム・ケリーは、「つねに改善の余地がある世界では、顧客の声を聞くことも大事だが、それはどちらかと言えば未来を予測するよりも現在を評価するのに役立つ。確かに、詳細なアンケートは顧客の満足度を評価するのに有効だが、最も画期的なイノベーションが顧客に質問することから生じるとは、私たちには思えない」(『イノベーションの達人!』早川書房)と述べています。
人間に直接聞く方法の難点はもう一つあります。聞く対象があなたの顧客だった場合、あなたの目の前でモノ・サービスを悪《あ》し様《ざま》にいうことをためらい、正直な感想を言ってくれないという恐れもあるのです。
統計データはデータを取る前に「どのようなデータを集めるか」を決めなければなりません。アンケートであれば「何人に」「誰に」「何を聞くか」などであり、POSであれば「男女別」「年齢別」「顧客の仕事別」「販売時間別」「販売商品のカテゴリ別」などです。そして集まった統計データを分析する際にどの項目をどのように組み合わせて検討するのかを決めなければなりません。
統計データ分析は、データの切り取り方によって見え方がまったく異なってしまう場合があります。トム・ケリーは顧客を統計数値のように扱うことが有効であるのは「たずねるべき適切な質問をこちらがわかっている」場合だと述べています（『発想する会社！』早川書房）。つまり統計データの分析で潜在的ニーズを見つけるには、事前にそのための正しい問いかけを知っていなければならないということなのです。

このような観点からデザイン思考では、潜在的ニーズを見つける手法として「観察」を重視します。なぜなら観察が最もバイアスが少なく、直接的に潜在的ニーズにアクセスできる方法だからです。「客に聞く」と、その答えは「客の常識」というバイアスを通したものになります。統計データ分析は「人間をどのような数字に置き換えるか」や「置き換えた数字から答えをどのように抽出するか」というバイアスを通したものになります。

しかし観察は直接「人間の行動」を見ます。人間の行動はそのまま「その人間のしたいこと（本質的欲求）」の現れなのです。

コラム1

創造力は誰にでもある

物語の中で主人公・三島は「新しいアイデアは狙って出せるものではない。そんなことができるのはジョブズなどの一握りの天才だけ」と心情を吐露します。三島と同様に「創造性とは一部の芸術家や起業家・研究者が持つ特殊技能である」と思われている方もいらっしゃるかもしれません。

しかしトム·ケリーは言います。「誰もがクリエイティブだ」と。

2004年、トム・ケリーの兄であるＩＤＥＯ社創業者のデビッド・ケリーは､未来の起業家にデザイン思考を教えるため､スタンフォード大学にて「d.《ディー》 school《スクール》」を設立しました。そしてケリー兄弟はd. school でデザイン思考の考え方とプロセスを学んだ「自称・分析家タイプ」の学生が、次々と自分の内にある創造性を引き出していく光景を目の当たりにしたのです。これは若い学生に限ったことではなく、同様のことがデザイン思考の演習に参加した企業の経営幹部でも起こったといいます。

続けてケリー兄弟は自分の内にある創造性を引き出すためには、デザイン思考を学ぶこと以外にもう一つ重要なものがあると言います。それは「自分には創造力がある」「自分には周囲の世界を変える力がある」という信念であり、ケリー兄弟は「創造力に対する自信（クリエイティブ・コンフィデンス)」と呼んでいます。

まずは自分に創造力があると覚悟してください。そうすることで自らの創造力が引き出されます。そして引き出された自分の創造力を目の当たりにすることで、創造力に対する自信は、筋肉のようにさらに強く大きくなっていきます。つまり「創造力に対する自信」こそがイノベーションを引き起こす核心となるのです。

第3章

着想②「普通を見直す」

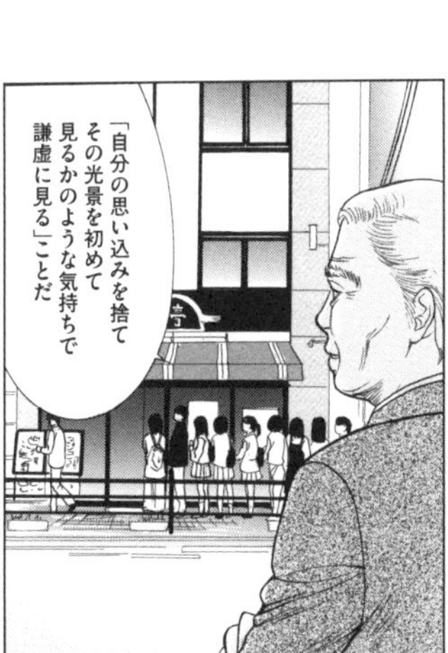
「自分の思い込みを捨て
その光景を初めて
見るかのような気持ちで
謙虚に見る」ことだ

ああっ!!
高梨さん?
店長…私…
大変なことに
気付いちゃいました
「潜在的ニーズ」って
まだ誰も気付いてない
ニーズですよね?
ってことはつまり…
ソレを欲しがってる
本人も「欲しい」って
気付いてないんですよ
本人ですら
気付いてないことに
私達が気付くことなんて
出来るでしょうか?
あ…
ホントだ
出来るよ

なぜなら 人は無意識に
楽な方に快適な方に
向かおうとする
生き物だからだ
たとえ本人が
ソレを「欲求」と認識
出来ていなくとも
欲求が
そこにあるならば
必ずその欲求は
行動に現れる
それを見逃さず
察知する
それが
デザイン思考だ
見逃さずって…
具体的には
どうするんですか?
大西さん
「自分の思い込みを捨て
その光景を初めて
見るかのような気持ちで
謙虚に見る」ことだ
禅…
それって
「ジャパニーズ・ゼン」
ですねっ 大西さん!
ねっ
ねっ!?
……
ん〜…

まあ実際に見た方が早い
実はそのために移動したんだ
2人とも私の行動を観察してみなさい
ごくっ…
チャリン…
ビー…
ゴトン
ガチャ…
どうだったね？
えっ…もう終わりですか？

特別なことは何もなかったような…
………
え…と
大西さん腰痛持ちですか?
ジュースを取る時顔をしかめた気がしました
えっ…そうだっけ!?
ほう…高梨君正解だね私は腰痛持ちだ
で?それだけかね?
え…はい気付いたのはそれだけですが…
そうか…
それでは50点だな
えっ…
50点!?

私ならこう考える
老人が自販機でジュースを買った
取り出す時顔をしかめた
老人は腰を曲げるのが辛いと思われる
老人が顔をしかめずにジュースを買うにはどうしたらいい？
腰を曲げずにジュースが買えればいい
ジュースが出てくる取り出し口が上部にあればいい
そもそも腰痛でなくとも取り出し口が上部にある方が便利だ
自販機が発明された昔ならともかく
技術的に十分実現可能な時代にどうして取り出し口がいまだに下にあるのだろう？
あ…
ああ…

自分の基準や常識でモノを見ていると「ひらめき」を得る機会の幅を狭めることになる
「これはそういうモノだから仕方ない」というものこそ疑うべきだ
そして小さなサインを見つけたら
通り過ぎずに立ち止まってその意味を考えることだ
さあ
意識して「普通」を見直してごらん
CAFE SHEE-n
翌日——
キイ
あれっ店長
今日は休みですよね？
勤務日じゃ観察に専念なんて出来ないからね

ひょっとしてアレやるんですか？
ああ
共感マップ？
そう
これがデザイン思考の観察補助ツール「共感マップ」だ
共感マップ
SAY
THINK
DO
FEEL
いきなり自分の感情を捨てろと言われても簡単に実行出来るものではないだろう？
は…はい
使い方は簡単だ
観察対象が「言ったこと」と「したこと」を記録していく
SAY → 言ったこと
DO → したこと
ただしふせん紙を使い観察対象のその時の感情を合わせて記録するのがポイントだ

悲しみ 怒り 疲れなど
ネガティブな感情には
青色のふせん紙を
喜び リラックスなどの
ポジティブな感情には
赤色のふせん紙を
そして感情が判別
出来なくても
対象が意味不明
（と思われるよう）な
言動をした時や
自分が何となく気になった
行動には黄色を使う
ネガティブ
青
ポジティブ
赤
……
判別不能
（でも気になる）
黄
重要なのは対象が
どんな言動の時
どんな感情
だったかだ
言葉
行動
感情
「言葉」「行動」に
「感情」を紐づけして
観察することで
自分の主観を排除
しやすくなるんだ
なるほど…
はいはいっ！
右の「THINK」と
「FEEL」は何に
使うんですか？
うむ 右側には
左側の「SAY」「DO」の時
客が何を思ったか
どう感じたかを
なるべく客観的に
類推して書き込む
人が考えている
（と思われる）こと
THINK
人が感じている
（と思われる）こと
FEEL
これは
左側が埋まってから
後で行ってもかまわない

そして右側を埋めたら一歩下がって全体を眺めて検討するんだ
SAY
THINK
DO
FEEL
マップの中に斬新なモノ意外・予想外のモノ矛盾を感じるモノがあったなら…
そこには潜在的ニーズが存在する可能性がある
あのお客さんは文庫本を読みながらカフェオレを飲んでいる
夢中な表情だ
MENU
SHEE-N

……
ネガティブな感情だから
青色のふせん紙に書き込んで…
女性・ビジネス
メニュー片手に
店内見回す
ぺたっ
DO
状況から判断して思ってることは…
注文したいのに
空いてる店員が
いない
THINK
FEEL
DO
ぺたっ
これで良し!

若い女の子が
しきりにスマホを
気にしてる
メールの返信を
確認してる
お洒落してるし
デートかな?
論理的に考えるなら
彼氏から連絡が
来ないとか…?
あ マズイ!
また自分の常識で
判断してる
ただ相手の行動を見て
感情に注目するんだ
たたっ
さっ
♪
かき
かき
商談・若手リーマン
ソファ席で背を伸ばして
しんどそうな顔
こら
高梨さん!
こっちはいいから
自分の仕事して!
ぺたっ
は~~~い♪

まったく…
なになに？商談中のリーマンが
商談.若手リー
ソファ席で背を
しんどそうな顔
…あれか？
パッ
パッ
え？
なんだろ今の動作
何か意味が…？
他のサラリーマンは…

パッ…
……
――!!
もしかして…!!
わっ…
ダッ
STAFF
NLY
MENU

カチャ…
バサッ
ボスッ
……
スッ
やっぱり!!

だとしたら…!!
店長!?
1か月後——
三島っ!!
SHEE-n
宿り木亭

これは一体どういうことだ!?
丸の口店の売り上げが15%も伸びて利益が――
黒字化してるじゃないかっ!!
なぜだなぜだァー!?
ずいっ
ゆ…柚木部長落ち着いて
店内を見てください
ん…?
ああっ!
ソファー席がテーブル席に変わっている!?
あ…

はい
本社の備品倉庫に
新しいイスとテーブルが
あったので
取り替えました
こんなことで売り上げが
増えたというのか!?
はい
あのソファーは
とても深く
沈みこんで
リラックスできる
ものでした
でも
スーツのお客さんは
その深い沈み込みで
スーツに皺《しわ》がつくのを
嫌がっていたんです
中には
まだ春先なのに
わざわざスーツを脱いで
ソファーに座る
お客さんもいたんです
さらに
アルバイトの子が
気付いたんですが
商談するお客さんの
立場が低い方は
腰を沈めて背もたれに
体を預けるわけにもいかず
浅く腰掛け
背筋を伸ばして
商談していました
リラックスするための
ソファーで
逆にリラックス出来て
いなかったんです

宿り木亭
オフィス街立地のこの店にとってスーツ客に嫌厭《けんえん》される深いソファーが 大きなマイナスだったんです
そこで改めて宿り木亭を観察してみました
すると 行列に並んでいるのは95%が女性でその内の6割は私服の若い女性…
おそらく学生もしくは休みの社会人でした
つまり かなりの客が宿り木亭目当てにわざわざこの街に来ているという事です
な…っ
宿り木亭とこの店の客層はそれ程重なってなかったんです!
な…
……

三島君
見事な観察だった
でも驚きました
いつも見ていた光景にこんな発見が隠れているなんて…
「普通を見直す」
そして見つけ出した不便な経験を快適な経験へ
平凡な経験を非凡な経験へ
ネガティブな経験をよりポジティブな経験へ…
「経験をデザインする」
それがデザイン思考なのだよ
大西さん
本当にありがとうございました!

ふむ…
三島君
ちと気が早いな
はい？
確かに君は
イノベーションを
起こした
だが これで
満足かね？
店が黒字化して
ここで満足かね？
さらにもっと この店に
お客さんが溢れる――
そんな光景を
見たくはないかね？
まだ
イノベーションは…
デザイン思考は
始まったばかりだよ？
ごくっ…
ごくっ…

解説3

「観察」を成功させるための心得

私たちの身の回りでは毎日のように新たなモノ・サービスが市場に投入されています。しかし、それらの多くは「潜在的ニーズ」を十全にとらえておらず、既存のモノ・サービスとどこか似通っていたり、斬新ではあっても提示された価格に見合うほどには欲しいとは思えないモノであったりして、生き残れず消えていきます。潜在的ニーズを見つけ出すことは非常に難易度の高い作業なのです。

その理由は3つあります。

最初の理由は、成熟した資本主義社会ではニーズの探求が盛んであり、分かりやすい欲求は、対応するモノ・サービスがすでに存在するからです。

2つ目の理由は、欲している本人自身がその欲求に気づいていない、もしくはその欲求を諦めて現状を受け入れているからです。IDEO《アイディオ》社CEOティム・ブラウンは、「人間の抱える基本的な問題とは、人間は不便な状況に適応するのに長けているということだ」（『デザイン思考が世界を変える』早川書房）と述べています。大半の人々はクローゼットがあるにもかかわらず自分が椅子の背に上着をかけてしまう意味に気づいていませんし、保険に加入する際、難解で膨大な文章量の契約書を読むことを（もしくは読まずに契約することを）受け入れています。

3つ目の理由は、観察する人間の主観が潜在的ニーズの発見を阻害するからです。「観察」は最も直接的に潜在的ニーズにアクセスできる手段です。しかし観察者が目の前の光景を自分の常識・経験・思い込みで判断・理解しようとすると、潜在的ニーズを見過ごす可能性が高くなります。観察者の常識・経験・思い込みが正しいとは限らないからです。

前記の阻害要因に対抗するために、以下のような心がけが必要になります。

①自分の常識・経験・思い込みで判断しない

観察結果を適切でない基準で理解した場合、潜在的ニーズにはたどりつけません。とはいえ、人間はどれだけ客観的であろうとしても、己の主観から逃れることはできません。「自分の常識・経験・思い込みで判断してはいけない」という「判断」を下すのも結局自分の主観だからです。しかし完全な主観の排除は不可能であることを承知したうえで客観的であろうとすることには意味があります。

デザイン思考では自分の常識を取り除いて、目の前の光景を初めて見るかのように見ることを意識します。そして自分の常識で判断するのではなく「他者の目を通じて世界を観察し、他者の経験を通じて世界を理解し、他者の感情を通じて世界を感じ取る」（『デザイン思考が世界を変える』早川書房）ことを目指します。観察対象の人々と根本的なレベルでつながり合うことができた状態をデザイン思考では「共感」と呼び、観察対象に共感することが潜在的ニーズの発見につながると考えています。

②意味不明または無意味に思える行動・仕草を見過ごさない

デザイン思考では「いかなる場合も観察対象である人間の方が正しい」という前提で観察を行います。

観察対象があなたにとって無意味に思える、または理解できない行動・仕草をした際は、「観察対象の人間にとって、その行動は何らかの意味・合理性がある」と規定し、「それはどんな意味・合理性なのだろう?」と探求します。例えば、観察対象が奇妙な持ち方で工具を使用したとします。それは単純に持ち方を間違えて覚えてしまっただけかもしれません。しかし、その工具には構造的に弱い部分が存在し、観察対象が無意識にその弱い部分をかばいながら工具を使用しているかもしれないのです。

ティム・ブラウンは「一見すると説明不能な人々の行動が、厄介で複雑で矛盾した世界に対処するための人それぞれの戦略であるということだ」（『デザイン思考が世界を変える』早川書房）と述べています。自分が理解できないものや、無意味に感じるものは、ともすると切り捨てたくなりますが、潜在的ニーズを見つけるうえでは逃してはならない好機なのです。

③感情と行動を連動させて観察する

観察対象が「どの行動」をした時「どんな感情」だったのかを紐づけして観察することは非常に有効です。感情とはどうしようもなく自然に湧き上がるものであり、意図して操作することはできないからです。自分が嫌いなものを食べた時、周囲に対して「美味しいふり」をすることはできても、心の中まで美味しいと思うことはできません。

観察対象が無意識に眉根を寄せて顔をしかめた時、舌打ちをした時、溜息をついた時、つまりネガティブな感情を示したその時、そこにはなんらかの不便やわずらわしさが存在しているサインです。その時、観察対象が使用していたモノ、受けていたサービス、とっていた行動を検証します。そこには潜在的ニーズが存在する可能性があるのです。

コラム2

観察の精度を上げる「アイデアの財布」と「バグ・リスト」

何気ない日常生活の中にふと小さく感情が動く瞬間があります。それは「何かがおかしい」「不便だ」「素晴らしい」「もったいない」などの小さな感情の動きです。自分の心に起きたこれらの小さな「バグ」を看過せず、その場で記録することを習慣化することで、観察のセンサー感度を磨くことができます。

またバグを記録するだけでなく、そのバグに対しての自分の所見や改善アイデア（ポジティブなバグの場合はどの要素をポジティブに感じたのか）を併記することで思考力が鍛えられ、さらにアイデア帳としても活用できます。この手法は記すバグがポジティブかネガティブかによって、「アイデアの財布」「バグ・リスト」と呼び分けられています。

毎朝出勤途中で朝食を買うコンビニのレジ渋滞をどうしたら解消できるか？　満員電車の中でサラリーマンが背負っている迷惑なリュックサックをどうしたら手に提げて持たせることができるか？

ポケットサイズのメモ帳やスマートフォンのメモアプリを活用し、日常の中にあるバグを見過ごさない練習を行ってみてはいかがでしょうか。

第4章

着想③「カスタマージャーニー」

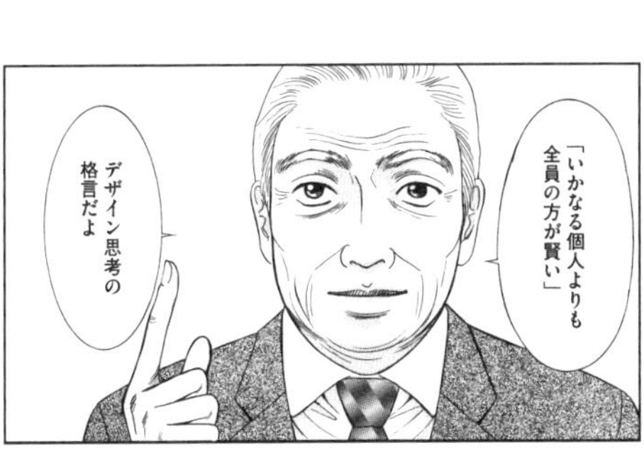
「いかなる個人よりも全員の方が賢い」
デザイン思考の格言だよ

来店する
着席する
注文する
料理を食べる
席を立つ
会計をする
退店する
DO
SAY
こ…
これは？
カスタマージャーニー（顧客の旅）という観察方法だ
顧客がモノ・サービスを利用する過程を「旅」に見立てて書き出し
カフェにおける顧客の旅
来店する
着席する
注文する
料理を食べる
席を立つ
会計をする
退店する
次に観察結果を…
スーツ男性 ソファから立つ シワを伸ば

席を立つ
会計を
それが起きた旅の場面の下に貼る
スーツ男性 ソファから シワを伸
ぺたっ
これは…共感マップの発展形？
でも大西さん「料理を食べる」の隣に「商談する」とか「仕事をする」もあった方がいいと思うんですが
DO
SAY
ふふ…
ならこうしてずらせば良い
退店する
会計をする
席を立つ
料理を食べる
注文する
着席する
来店する
MOVE
MOVE
退店する
会計をする
席を立つ
商談する
仕事をする
料理を食べる
着
はあ～～…
なるほど！便利ですねーふせん紙
IN
顧客の経験をモノ・サービスの各段階で区分けして観察することで
「どこ」に問題があるかより発見しやすくなるんだ
DO
SAY
これは論理的ですね

にゅっ
ねえねえ店長！
コレ 店員みんなで
やったらどうですか!?
わっ
高梨さん！
ここはいいから
早く接客に
戻りなさ…
いや
私も店員全員での
観察を提案しようと
思っていた
えっ
「いかなる個人よりも
全員の方が賢い」
デザイン思考の
格言だよ
イノベーションを起こすには
「ひらめき」を得る機会を
増やすことが重要だ
1人より複数人の方が
当然機会は増える
実際 三島君は
高梨君のアイデアに
助けられただろう？
さらに
アルバイトの子が
気付いたんですが
――以下略
！

た…確かに
へへ〜ん♪
さあ
カスタマージャーニー《顧客の旅》を観察しよう！
じ〜〜…
ぺたっ

DO
SAY
だいぶ溜まってきたな…
この中に何か気になる観察は…
ランチタイム ソロ客 周りを見回し 注文が出来ず イライラしている
ビジネス ソロ PC作業を中断 スマホを見ている
小説を読んでいる ソロ客 テーブルナプキンを しおり代わりに使う
どれもカフェでよく見る普通の光景だなー
しゅる
をしている
ビジネス・ソロ客 PC作業中に 氷かじる
ぺたっ
ん？
待って待って高梨さん！

これ なんで
青ふせん（ネガティブ）なの？
ビジネス・ソロ客
PC作業を中断
スマホを見ている
これと同じじゃないか？
う〜〜ん…
まあ確かにやってることは同じですが…
そのお客さんもう2時間近く資料みたいなの作ってるんですけど
作っては消し作っては消しを繰り返しててずっと眉間にシワが寄ってるんです
多分自分が作ったモノの出来に納得がいってないんですかねー
私も美大生だから分かるんですよ その気持ち！
正解が分からない…でも正解じゃないことだけは分かるんですよ！
あ〜〜〜もどかしいっ!!
私もこの前工学デザインの課題でハニカム構造体をモデファイして…
くぬぬぬ
高梨さん！
はっ！
と…とにかく！

ガリ
ガリ
とにかく そんな状態で飲み終わったドリンクの氷をかじったわけですよ
楽しそうには全然見えなかったし気分転換したんじゃないかなーって
どれもカフェでよく見る普通の光景だな…
普通の光景…
普通の光景って何だよ!?
忘れたのか!?「普通を見直せ」だろ!?

気分転換…
なぜ
「なぜ仕事してる客は気分転換するのか」
仕事がしんどいから…
息がつまったから…
良い案が浮かばないから…
つまり
「ネガティブ」なんだ
だから転換するんだ
不便な経験を快適な経験へ
平凡な経験を非凡な経験へ
ネガティブな経験を
よりポジティブな経験へ…
「経験をデザインする」
それが
デザイン思考なのだよ
経験をデザインする…
「気分転換という経験」を
デザインする…

ここはオフィス街だから
仕事客向けの
ノマドカフェも多い
喫茶 竹
珈琲 Moe
Coffee House 茶
CAFE
でも気分転換を
「デザイン」している
店があるのか？
コーヒーがおかわり半額とか
大量に雑誌を置くとか…
コミックオリジナル
ダンディ
それは
「気分転換対策」
なんじゃないのか？
着席する
来店する
DO
SAY
今までにない
もっと気分転換出来る…
もっと
「質の高い気分転換」を
デザイン出来れば…!!
ほう…
三島君
エクストリームユーザーに
気付いたね
エ…
エクストリーム
…ユーザー？

うむ
訳すなら「極端な利用者」といったところか
モノ・サービスを一般的な方法で使わない人間のことだよ
例えば新しい包丁を開発するとしたら
エクストリームユーザーは三ツ星シェフ(熟練者)か10歳の子供(初心者)になるだろう
家電を開発するとしたらそのメーカーの偏執的なユーザー(ファン)か他社製品のユーザー(アンチ)になるだろう
全部A社♡
A社はキライだ!
エクストリームユーザーはモノ・サービスを「想定外の使い方」で使用する
こちらが提示する「マニュアル」より「自分はこうしたい」を優先する
それはつまり「本質的欲求」の現れなんだよ
それじゃあ…
うむ
面白いじゃないか気分転換のデザイン

三島君
私は今
ワクワク
しているよ
♪
♫
うろ
うろ
あなた…？
は…はいっ！
じゃあ早速
近隣のノマドカフェの
リサーチを…
タッ…
ピタッ
違う!!
競合会社のリサーチも
大事だけど
最優先じゃない
どのように気分転換を
デザインすれば良いのか
それを知るためには…
「気分転換を
観察するべき」
ですよね
大西さん！
にやっ

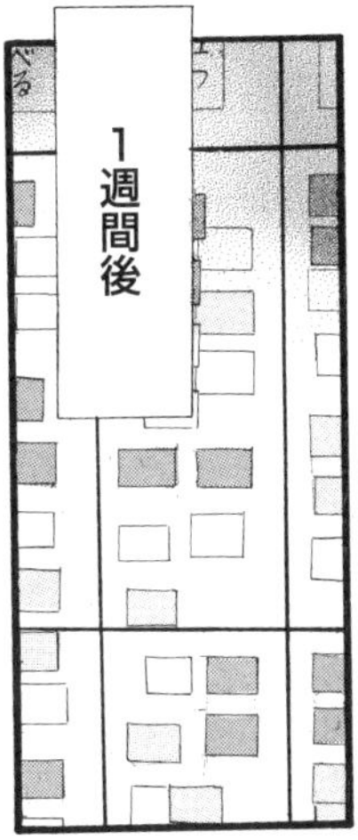
1週間後

〈観察結果〉

観察対象：ＰＣやノートを広げて作業中の顧客
顧客の気分転換行動

・ストローの紙をいじる
・ストローをかむ
・氷をかじる
・追加注文
・スマホでネットサーフィン
・スマホで音楽を聴き出す
・伸びをする
・机に肘をつきじっとしている
・煙草を吸えるか確認してくる（当店は全席禁煙）
・ノートを出して落書きを始める
・テーブルナプキンで折り紙
・テーブルナプキンに落書き
・スマホでゲーム
・誰かに電話して会話
・鏡を見てメイクチェック
・誰かとメールする
・上半身だけストレッチする

かなり集まったね
気分転換の観察
集まりましたねー
それにしても
すごい数
でも気分転換なんて
人それぞれすぎますよ
これを見てても
「気分転換をどう
デザインしたらいいか」
全然見えません
同じく
結局
どうすれば
いいんだ

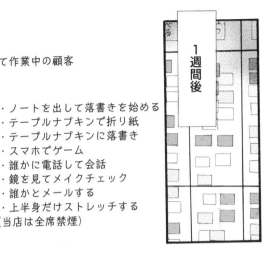

分からないなら客に直接聞いてみたらどうかね？
来店する
着席する
でも大西さん客に質問するのはやめろって前に言いましたよね？
以前とは状況が違う
ははは
君にはデザイン思考の観察がだいぶ身についている
だからようやく教えても良いと思ったのだよ
「観察としての質問」を…ね
え
俺が今氷をかんだって？

はい
お客様は先程グラスに残った氷をかじられました
また1時間程前にはお仕事を中断してスマホを見られてました
かあぁ…
うわあ…はずかし〜
氷かじったの見られてたんですか
見たというより観察してましたっ♪
にゅっ
か…観察!?
高梨さん黙ってて!
お…お客様なんでもありません!
現在 私どもは店舗改善に取り組んでおりまして…
それであの…
かなり不躾《ぶしつけ》な質問もさせていただくかもしれないのですが…
ええいっ!
店長まどろっこしい!
お客様っ!答えるのが面倒な質問をさせてください!!
おわびにこのコーヒーチケット差し上げますからっ お願いします!!
どんっ
わーーっ!!
高梨さんキミね…
ぷっ…

質問に答えるぐらい別にいいですよ
くすくす…
あ…
ありがとうございます!!
では…お客様はなぜ氷をかんだりスマホを見たのでしょうか?
ん? それは気分転換ですね
なぜ気分転換をしたのですか?
なぜ…?
それは…ん〜〜煮詰まったから
煮詰まったというのはどういう状態なのか具体的に教えて頂けませんか?
それは…
………

ずっとPCと向かい合ってるとだんだん効率が落ちてくるし良いアイデアも浮かばないし…
気持ちが滅入ってくるんです
そんな状態だなぁ
ではなぜスマホを見ると気分転換…
——いえ
仕事の効率が戻って良いアイデアが浮かぶようになるのですか？
「観察としての質問」のコツは「なぜ」を重ねていくこと
あ
実は俺通販サイトのレビューを見るのが好きでさ
自分の好きな商品を他人がほめてるのを見ると気持ちがリフレッシュできて仕事をする気力が戻るんだ
カスタマーレビ
84件のカスタマ
☆☆☆☆☆
トップレビュ
☆☆☆☆☆
この価格で
とても使いやす
って大正解です
投稿者　たぬき
☆☆☆☆☆　いい買い物
一番信頼しているメーカーですの
期待通りの動作で大満足で
です。お勧めです。
投稿者　Panchan331
それはなぜですか？

なぜ他人が自分の好きな商品をほめるのを見るとリフレッシュできるんですか？
「なぜ？」が続くと人間はその答えの真実を求めて自分の中を探り始める
それは…
自分で自分を「観察」し始める
なんでだろう
………
カラン…
そうか！

他人が自分の好きなモノをほめるのは嬉しいし
それを見るのは楽しいからですよ！
なるほど！
無意識でやってたけど「楽しい」が気分転換になるんですね！
じゃあ気分転換で氷をかじったのはなぜですか？
「楽しい」も「嬉しい」もあてはまらないと思うんですが
え？
そ…それはえーと…
氷の冷たさとガリガリっていう感触？
ずいっ
なぜ氷の「冷たさ」と「感触」で気分転換できるんですかっ⁉
なぜって…
うーん…
…………
カラ
カラ
…あ

そうだ こっちは気持ちいいんじゃないかな
カラン…
カフェで仕事してるとずっと動かないでPC作業でしょ？
ガリッ…
だから「冷たさ」と「かむ動作」が刺激になって気持ちいいんですよ
そうか…
そうだったのか!
あ…

ありがとうございました!
いや そんな…
店長!
ああ 分かった
体を動かす
五感を刺激する
ポジティブな気持ちになる
この3つを満たして
カフェで提供できる
そんな「気分転換」を
デザインすればいいんだ!
ガリッ…

解説4

デザイン思考の5つの観察手法

デザイン思考には「潜在的ニーズ」を見つけ出すために考案された観察手法が多数存在します。その中で特に重要な手法を紹介します。

共感マップ

まんがの第3章の中で三島が最初に実践した観察手法です。観察対象の「言葉・行動」に「感情」を紐づけして記録することで、潜

共感マップ

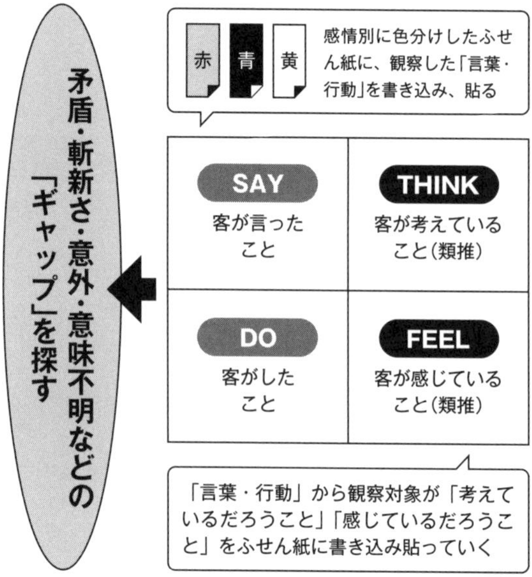

赤
青
黄
感情別に色分けしたふせん紙に、観察した「言葉・行動」を書き込み、貼る
SAY
客が言ったこと
THINK
客が考えていること（類推）
DO
客がしたこと
FEEL
客が感じていること（類推）
「言葉・行動」から観察対象が「考えているだろうこと」「感じているだろうこと」をふせん紙に書き込み貼っていく
矛盾・斬新さ・意外・意味不明などの「ギャップ」を探す

在的ニーズを探ります。
まず右ページの図のように表を上下左右4つに分けます。観察対象の「言葉・行動」を「ポジティブ（喜び・笑いなど）」「ネガティブ（不満・怒り・悲しみ・苦痛・混乱など）」「ニュートラル・もしくは判別不明」の3つに色分けしたふせん紙に書き込み、「SAY」「DO」のどちらかに貼り付けます。左側がふせん紙で埋まったら、右の「THINK」「FEEL」スペースに、観察対象が「SAY」「DO」の際に「考えているであろうこと」「感じているであろうこと」を類推してふせん紙に書き込み、貼っていきます。
作業終了後マップ全体を俯瞰《ふかん》して、4つのエリアの間に矛盾・斬新さ・意外・意味不明などのギャップが存在しないか検証します。もしギャップが存在したならば、それは「潜在的ニーズ」を発見するチャンスです。デザイン思考では、人間の行動はすべてその人間のなんらかの欲求に基づいており、当人にとって合理的であるがゆえに生じると仮定します。ギャップを感じるということは、あなたが気づいていない合理性や欲求がそのギャップの中に存在しているかもしれないということです。
共感マップは第3章の解説で述べた「共感」を身につけるためのトレーニングとしても最適ですので、グループ演習などに活用することをお勧めします。

カスタマージャーニーマップ

顧客がモノ・サービスを利用する過程を旅に見立てて観察する方法をカスタマージャーニーマップと呼びます。最初に顧客が利用する過程をリストアップし、時系列順に並べます。次に顧客を観察し、共感マップと同じように「ポジティブ」「ネガティブ」「ニュートラル」で色分けしたふせん紙を使い、リストアップした顧客の「旅」に該当するスペースに貼っていきます。観察を行う中で、必要に応じて旅の過程を追加・削除したり、観察対象のカテゴリ分けを行います。作業終了後は、共感

カスタマージャーニーマップ（一例）

顧客の経験を旅に見立てて書き出す

		客が来店して席に着く	メニューを見て店員に注文する	フードが来るのを待つ	フードを食べる	食べ終わり会計をして退店する
男	ビジネス					
	プライベート					
女	ビジネス					
	プライベート					

必要に応じて観察対象を分類する

共感マップと同様に観察結果をふせん紙で記録する

マップと同じくギャップと改善点がないか検証します。

モノ・サービスを検証する際、カスタマージャーニーマップを作成することで、そのモノ・サービスから顧客が受け取る経験全体を見渡すことができ、視野狭窄《きょうさく》に陥ることが防げます。また顧客の経験を段階ごとに区切って検証することで、モノ・サービスのどこが長所でどこが短所なのかを顕在化させることができ、潜在的ニーズを見つけやすくなり、さらに見落としがちな「平凡な経験」も認識しやすくなります。平凡な経験を「ポジティブな経験」に変えることで、モノ・サービスの全体的な満足度を上げることができます。

まんがの中では顧客の旅を入店から退店までで区切りましたが、入店する前・退店した後まで観察範囲を広げる、つまりモノ・サービスを利用する過程だけではなく、利用する前・利用した後まで旅の範囲を広げて観察するようにすれば、より深い観察ができ、顧客への理解が深まります。IDEO《アイディオ》社では顧客のホテル滞在経験を改善するためにホテル利用客が飛行機を降りた時点から観察をスタートした実例があります。

観察としてのインタビュー

答える人間の主観を可能な限り取り除くことで、「客に聞く」ことも有効な観察となります。ポイントは「なぜ?」「どうして?」を5回以上繰り返して聞くことです。「なぜ？」「どうして？」に答える中で、客は自分の内面を自ら探り始めます。つまり自分で自分を観察し、自らを客観視するのです。

エクストリームユーザーを観察

エクストリームユーザーとは、平均的な方法や作成者が想定した方法でモノ・サービスを使用しない、少数派の「極端な利用者」のことです。例をあげるなら、「子供」「初心者」「熟練者」「プロフェッショナル」「愛好家」「アンチ」「ルールより自分の合理性を優先する人」などが当てはまります。

平均的なユーザーは、モノ・サービスに不満があったとしても通常それを受け入れ、マニュアル通りに使用します。しかし子供や初心者はマニュアル通り使いこなすことができません。逆に熟練者や愛好家はモノ・サービスを熟知しているので、独自の使用方法が存在します。自分の合理性を優先する人はマニュアルを無視して自分の使いたいように使います。

それらの行動には「潜在的ニーズ」が存在する可能性があります。つまり平均的なユーザーよりエクストリームユーザーの方が潜在的ニーズが行動に現れやすく、見つけやすいのです。

体験としての観察

ＩＤＥＯ社は病院から新棟のデザインを依頼された際、チームメンバーの一人が服の下にカメラを忍ばせ、救急患者を装ってその病院に向かいました。そして緊急治療室での患者の経験を実際に自分で体験したのです。モノ・サービスを利用する人間に「共感」することで、潜在的ニーズは見つけやすくなります。ならば当然、そのモノ・サービスを自ら体験して、体験している自分を「観察」することは有効です。

コラム3

デザイン思考は「経験」をデザインする

デザイン思考は経験をデザインしようとするプロセスといえます。なぜなら感情とは経験によって生まれるものであり、デザイン思考は人間にポジティブな感情をもたらすモノ・サービスの創造を目標とするからです。その意味では、顧客のモノ・サービス利用過程を経験単位で区切って観察するカスタマージャーニーマップは、まさにデザイン思考の考え方を表しているといえるでしょう。

そして観察だけでなく第５章で解説するブレインストーミングのテーマ設定においても、視点を経験に置くことは非常に重要です。

例えば客から「レジの待ち時間が長い」とクレームがあった時、「待ち時間を短くするにはどうしたら良いか」とテーマ設定することは悪手です。考えるべきは、客が「待ち時間が長い」と思わずに自分のレジ番にたどりつけるような経験を提供することです。

つまり進行役がすべきテーマ設定は「客に待ち時間が短いと感じさせるにはどうすればよいか？」、もしくは一歩進めて「客に待ち時間を楽しい・有意義と感じさせるにはどうすればよいか」などとなります。「実際の待ち時間を短くする」のは、数ある手段のうちの一つにすぎません。

「顧客の経験」で物事を把握することによって問題を大きな枠組みでとらえることができるようになり、アイデアの幅も広がるのです。

第5章

発案①「ブレインストーミング」

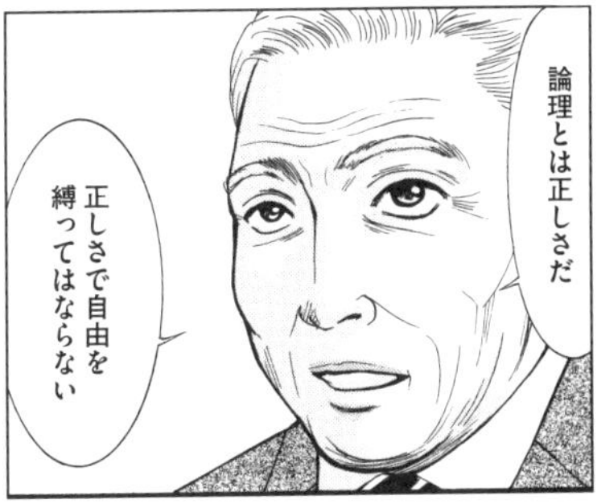

これで
気分転換のデザイン
方針は決まった
次は
どうすれば…
!!
がばっ
そうか…
「いかなる個人よりも
全員の方が賢い」だ
CAFE SHEE-n

皆で考えれば いいじゃないか！
CLOSED
これから 企画会議を 始めます
なるべく大きく 体が動くこと
なるべく強く 五感を刺激すること
そして ポジティブな気持ちに なれること
この３つを満たす 気分転換を 考えてください

……
木村
アルバイト
田中
アルバイト
書記は高梨さん頼むね
了解でっす
じゃあ 何かアイデアのある人…
はいっ!!
お店の隅っこに子供用の机を置くのはどうですか？
子供時代を思い出して気分転換間違いナシです!!
高梨さん…
子供机はスペースも取るし導入コストも高いし…
何よりカフェの雰囲気が壊れてしまうよね？
はぁい…
しゅん…

えーと…
他には?
しーーーん‥
じゃあ 右端の
田中さんから順番に
発言してもらおうかな
えっ
あ…
あの…
えっと…
………
じゃあ
木村君は?
へっ
そんな急に聞かれても
思いつけるわけ
ないじゃないですか
マジ
ありえないっスよ
あ…ああ
そっか…
そうだね
すまない…
しいいいーーーん…
会議終了
ちーん…

「発案」に
突入したな
三島君
は…
発案？
デザイン思考は
「着想」「発案」「実現」
からなる
「着想」は
潜在的ニーズを
見つけるプロセス
そして「発案」は
その潜在的ニーズを
市場に導入する
モノ・サービスに
落とし込むプロセスだ
着想
発案
実現
今はココ。
君はついに
「商品開発」に
踏み込んだのだよ
あ…
ああ…

そして
よく気付いた
発案において
チームで
アイデアを出す
それは正解だよ
三島君
だが それ以外が
全て間違っている
えっ!?
え…
どこが
間違ってるん
ですか?
僕はちゃんと
議題を設定しました
発言も平等に
求めましたし
書記もつけました
普通に会議を
しただけじゃ
ないですか!
アイデアを
見つける…

つまり「ひらめき」を得るために 君は会議を開いたのだろう？
自分を否定された高梨君にひらめきが起きると思うかい？
でも…それはあまりに滅茶苦茶で論理的じゃないから…
論理とは正しさだ
正しさで自由を縛ってはならない
君は高梨君の意見を否定した「君は間違っている」「正しいのは僕だ」とね
それは「支配欲」だ

三島君
「支配欲」はデザイン思考の天敵だ
人間はすぐに人を支配したがる
相手を否定し己を誇示しマウントして優越感にひたる
そんな自由のない空間では「ひらめき」は生まれないのだ
そして順番に発言することを求めたのも間違いだ
自由に発言する機会を奪われ上司に発言を強要される…
そんな状況でひらめきが起こるかね？
そ…それは…
誰も発言に協力してくれないから
仕方なく…
………

にゅっ
あの～店長
あの2人は
仕方ないと
思いますよ～
わっ
高梨さん…
昨日の会議
君の発言を
否定して
すまなかった
僕が
間違ってたよ
はいっ！
了解で～す♪
仕方ないとは
どういうことかね？
田中ちゃんは
前の店長の時に
ちょっとした失敗で
時給下げられ
ちゃったんですよ
だから今回も
店長の前で
失敗するのが
怖かったんだと
思います
木村君は
完璧主義っていうか…
自分が上手く
出来ないことは
人前で絶対
しないんですよねー

でも 陰で必死に
練習してるから
良い子だとは
思うんですけど…
まあ
面倒臭いですねー
ふむ…
地位を失う恐怖と
高すぎるプライドか
2人は
「自己防衛」状態
なのだね
中間管理職以上の
人間に多いが
人間は自分の地位を
守りに入ると
無難な道を選び
冒険しなくなる
そしてプライドの高い人間は
自分が馬鹿だと
人に思われるのが許せず
出来ることしかしなくなる
自己防衛状態も
支配欲と並び
デザイン思考の天敵だ

そ…そんな…
それじゃあ僕が…本来の謙虚な僕に戻るだけじゃ問題は解決しない…
どうしたらいいんですか大西さん！
…店長って結構天然でいい性格してますよね
けんきょ…
え 何が？
ガタッ
どうしたら良いか？
それはね真面目《シリアス》に遊ぶ《プレイ》ことだよ

CAFE SHEE-n
さあ
デザイン思考の会議
「ブレインストーミング」
を始めよう！
CLOSED
旅人
旅人

みんな
先日の会議は申し訳なかった
僕が間違ってたよ
今日の会議は上下関係なしで行います
僕も皆と同じ立場だから自由に発言して欲しい
は…　はい…
そんな急に言われても困りますよ こっちにも準備ってモンが…
ブツブツ
ダメだ空気が重い…
はっはっ
は
私は通りすがりの「旅人」と申します
皆さん！今日はよろしく頼むよ
旅人
ダレ？

あ…この人は大西さん
この店の改善で色々とアドバイスをいただいてるんだ
今日は特別に参加してもら…
三島君
ちっ
ちっ
今日の私は「旅人」だ
「旅人さん」と呼んでくれんかな
旅人
は…？
そして皆唐突だがまずはこのクジを引いてもらおう
旅人
はあ？

チワワ
チワワ
受験生
受験生
小学生
小学生
……
新人バイト
新人バイト
ブレインストーミング中は
お互いをこのニックネームで
呼ぶこと
いいね？
分かりました！
さあ始めましょうよ
新人…
新人バイト

しっ…「新人バイト」さん♡
ぷぷーっ!
は…はい 分かったよ「チワワ」さん
ふ…ふふっ
ははっ…
ホッ…
空気が柔らかくなった…
ポイント1
威圧感のない
ニックネームで呼び合い
上下関係の意識を薄める
では ブレインストーミングを始めようと思う
でも その前に約束とお願いがあるんだ

このブレインストーミングの目的は アイデアをたくさん出すことなんだ
だから そのアイデアが どんなに変でも 野蛮でも 荒唐無稽《こうとうむけい》でも 絶対に否定しない
アイデアの良し悪しで皆を評価することは絶対にしない
「正しいアイデアか？」「人に馬鹿にされないか？」なんて考えはどうか捨てて この場にいる皆を信じて発言して欲しい
ポイント２
自己防衛心（人事評価される恐怖と恥をかく恐怖）を取り除く
じゃあ始めよう
ちょっと待った 私から皆にひとつ課題を出そう

ブレインストーミングはジャスト1時間
その間に100個のアイデアを出すこと
えっ!?
1時間で100個!?
それって…36秒に一個アイデアを出さなきゃ達成出来ないじゃないですか!
絶対ムリっしょ
ポイント3
初期のブレインストーミングは「質」より「量」を重視する
では始めます
ぺたっ
体が大きく動く
五感を刺激する
楽しい気持ちになる
この3つを満たすのはあくまで目標です

ですので 深く考えず
僕が出すテーマを聞いて
浮かんだアイデアを
気軽にどんどん
提案してください
はーい！
は…
はい…
うっス…
では最初の
テーマです
どうしたら
味覚を刺激して
気分転換させることが
出来るでしょうか？
五感を刺激する
うーん…
脳ミソが
疲れてるんだから
凄まじい甘さの
スイーツとか？
小さなクッキーの
つめ合わせは
どうかな？
氷みたいに
かじりたい時に
かじるの！
わっ…
私は
ドリンクの味替えとか
いいかもって…
タバスコとか
ワサビとか…
コーヒーに添えて
出すんです
名付けて
「デス調味料」
デス…!!
ふふふ…♪
おいおい…
意外と
ぶっ込むな

ふむ…
良いテーマ設定だね
ポイント４
テーマ設定は
すぐにアイデアが10個くらい
出てくるようなものが良い
①凄まじい甘さのスイーツ
②小さなクッキーのつめ合わせ
③デス調
ポイント５
アイデアの数をカウントして
モチベーションアップ
ぺたっ
他には…
ん〜と…
味覚…
味覚を刺激…
うーん…
………

これは…そろそろですか？
ではテーマを変えます
パタッ
次は聴覚です
どうすれば聴覚を刺激して気分転換をさせることが出来るでしょうか？
ポイント６
場の勢いを
止めないことが最重要
アイデアの出るスピードが
落ち始めたら
迅速にテーマを変える
はいはいっ!!
あえての不快な音シリーズ!!
黒板を爪でひっかく音や人を不安にさせる音楽とかを不意打ちで店内に流すんです
刺激は満点ですよぉ〜〜〜♪
ききゅ〜〜〜っ
ねェな!!
ぶるっ
ぞわっ
チワワ

ポイント7

他者のアイデアを批評する時は
「I like／I wish」(あなたのアイデアの
良いと思う点は○○です／
加えて自分なら○○したい)という
個人的希望の形にする

ポイント8

他者のアイデアを
踏み台にして飛躍する

ブレインストーミングが
うまく流れ出すと
その場はある種の熱気を
帯び始める
触覚ですよね
なら折り紙です！
商品に折り紙を
加えましょうよ！
指先を使うのは
いいと思いますね
落書き帳を
各テーブルに
設置するのは
どうスか？
私　落書き
大好きです
ていうか実は…
BLの同人誌
描いてて
コミケにも参加
してるんですぅ♡
うふふっ
言っちゃった♡
田中さん…
キミって実は
ぶっ込みキャラ
だったんだね

うふ ふふ
それで…個人的には落書き帳よりもテーブルに直接描きたいです
その方が背徳感があって…
机に落書きかー中学生の時やってたなぁ解放感があって楽しいよね
でも 後で消すのが面倒なんスよねー
え? 消さないよ?
え? すげー迷惑?
ふ… ふふふっ…
うふふふ…
ははは…
ちょっと待って
今 なんて言った?

え…同人誌ですか？
カップリングは秘密で…
違う!! 机に落書き!!
高梨さんさっきなんて言った!?
え…さっき？
解放感があって楽し…
——あ!!
それだよ!!
カフェで座りっぱなしでPC画面見ながら仕事してて…
煮詰まってきて
もしそこでテーブルに自由に落書き出来たら…

す…
すっごい気持ちいいですぅ
テーブル全面に落書きするなら体も大きく動かせますよ
落書きだけじゃなくてメモとったり頭を整理したり…仕事自体にも使えるんじゃないスか!?
落書き出来るテーブルなんてサービス聞いたことない
絶対に話題になる!!
背徳感も抜群ですぅ♡
…でも書きっ放しって訳にはいかないぞ
テーブルに直接書いたら消さなきゃならない
どうする…
大きめの紙を敷くとか?
楽しい気持ちになる
そっ…それじゃあ背徳感が台無しですっ!!
………
あの…
ちょっといいスか?

ピラッ
これじゃないスか?
!!
パ
さあ
ちょうど
1時間経った!
アイデア数は…
102個
おめでとう!
課題達成
できたじゃないか
では決めよう
どのアイデアを
次の段階に
進めるかを

これらのアイデアを
じっくり吟味して
「前に進めたいアイデア」に
ふせん紙を貼るんだ
もちろん複数でも
かまわない
見事に
結果が出たな
ふむ…
折り紙を置く
102
フセン紙で
出来た机
三島
高梨
木村
田中

解説5

「ブレインストーミング」でアイデアを創造する

「潜在的ニーズ」を発見できたならば、プロセスは「着想」から、次の「発案」に移ります。発案は「アイデアを創造、構築、検証するプロセス」（『デザイン思考が世界を変える』早川書房）とされ、潜在的ニーズから実際のモノ・サービスを作り上げていくプロセスです。

具体的には

・潜在的ニーズを満たすモノ・サービスにつながる「良いアイデア」を考案する
・考案したアイデアを検証しブラッシュアップして、モノ・サービスの完成度を上げていく

の2つの作業を行います。たとえ潜在的ニーズを発見できたとしても、それを活かせるアイデアが考案できなければイノベーションは起きません。発案もまた着想と同じく非常に重要なプロセスなのです。

アイデアの多様性と量が「良いアイデア」につながる

ノーベル賞を生涯に2度受賞した科学者ライナス・ポーリングは「良いアイデアを得る最良の方法は、たくさんのアイデアを得ることだ」と述べています。これは選択をする際には選択肢が多いほど比較検討の精度が高まり、選択の成功率が上がるということです。しかし、いくら選択肢の数が多くとも、それらが皆同じようなものばかりでは意味がありません。つまり良いアイデアを得るにはその前提に、多様性に富む数多くのアイデアを生み出す必要があるのです。

デザイン思考は「ブレインストーミング」(以下BS)が多様で多数のアイデアを生み出す最良の手段だと考えています。BSとは何人かの集団で自由に意見を言い合うことによって革新的なアイデアを得ようとする会議技法です。会議というと「時間の無駄」「何も決まらない」などネガティブに感じる方もいらっしゃるかと思います。デザイン思考も会議の難しさと危険性は十分認識しており、BSを成功させるための独自のルールと秘訣が存在します。それらの中で重要と思われるものを以下に紹介します。

①アイデアの「質」より「量」にこだわる

「質の高い」アイデアを出そうと意識すると、BSは失敗します。そもそもどんなアイデアが質が高いかを見極めるために、まずたくさんのアイデアを出そうとするのがBSだからです。重要なことは「質より量」です。馬鹿らしく荒唐無稽なアイデアでもかまいません。思いついたアイデアを皆がどんどん発言していくことが重要です。IDEO《アイディオ》社CEOティム・ブラウンは「野蛮なアイデアは歓迎」と述べています。

②他者のアイデアをもとにして飛躍する

アイデアを出す際は、他者のアイデアをもとにしてメンバー間で思考を連鎖させることを意識します。具体的には

1. Aさんがアイデアを提示する
2. AさんのアイデアをもとにBさんがひらめいたアイデアを提示する
3. BさんのアイデアをもとにCさんがひらめいたアイデアを提示する
4. CさんのアイデアをもとにAさんがひらめいたアイデアを提示する

このようにアイデアをメンバー間でつなげていきます。4のアイデアは異なる思考方式を持つ3人の脳を経由したことで到達できたものであり、各人がひとりで考えていては決してたどり着けないアイデアです。つまり集団で思考を連鎖させることで、アイデアの多様性が増すのです。IDEO社には「いかなる個人よりも全員の方が賢い」という格言があり、副社長トム・ケリーは「孤独な天才など、ただの幻想にすぎない」と言い切ります。

またティム・ブラウンはこのルールを最重要視しており、皆に意識させるため「他者のアイデアをもとにする」と壁に書き、BSを行っています。

③上下関係による影響を排除する

参加者が上司や先輩の顔色をうかがいながら発言をするような状況では、アイデアの数も多様性も望めません。BSは上下関係のないフラットな場であることを双方が納得する必要があります。参加メンバーの上下関係が自由な発言の障壁になる場合は、上司を排除して行いましょう（あなたが上司ならば潔く身を引きましょう）。

参加者に威圧感のないニックネームを設定し、仮のキャラクターを付与して上下関係の影響を軽減する方法もあります。この方法は初めて会った人間同士で行う場合など、メンバー間の人間関係が十分に構築できていない場合にも有効です。

④自己防衛心を取り除く

「もし自分のアイデアが採用されたら結果に責任を持たねばならない」

「下手なアイデアを言って自分の人事評価を下げたくない、馬鹿だと思われたくない」

このように他者の評価を恐れる自己防衛状態の人間は、自分の行動を自ら制限します。

アイデアの量が称賛されること、どんなアイデアであろうともその内容によってお互いを評価しないことを参加者に周知徹底し、納得させる必要があります。

⑤支配欲に気を付ける

会議とは非常に危ういモノです。建設的な結果を求めるための話し合いが、いつの間にか「自分の意見の正しさ」を証明するための非生産的な戦いに変化します。そもそも生まれたばかりの新しいアイデアは矛盾に満ち、繊細で壊れやすいモノです。他者を否定して自分の頭の良さを誇示したいメンバーがもしその場にいれば、そのアイデアは容易に叩き潰され、BSは失敗します。自身が「支配欲」で発言をしようとしていないか、参加者全員がつねに意識する必要があります。

デザイン思考のBSにおいて他者のアイデアに是非を表明する場合は「I like/I wish」で意見を述べるようにします。自分が肯定的に思う点（I like）を「あなたのアイデアの○○が好きです」とまず述べて、次に「さらに自分だったら○○したいです」（I wish）と続けることで、「正しい・誤り」ではなく個人的希望を述べる形にするのです。

人間の心に関する上記③〜⑤の秘訣から、BSにおいてデザイン思考がお互いを尊重し合い、忌憚《きたん》なく意見が言い合える人間関係を構築しようとしていることが分かります。

⑥制限時間1時間、目標アイデア数100個

トム・ケリーはBSの最適な長さは1時間であり、最長でも1時間半が集中力が持続する限界だと述べています。また自己の経験から「1時間で100個のアイデアが出たブレインストーミングは議論が停滞することなく進んでおり、アイデアの質も高いモノになる」と言います。制限時間と目標アイデア数を設定することで、参加者に適度な緊張感をもたらし、モチベーションと集中力を高める効果もあります。

⑦簡単なクラフトツールを用意する

頭の中だけで考えるのではなく、手を動かし、作成することで、素晴らしいひらめきが起こるかもしれません。「素晴らしいアイデアを思いついたけど言葉ではうまく言い表せない」「良いアイデアに思えるのですぐに造形して検証してみたい」。このような時に備えて、段ボール・カッター・はさみ・粘土・セロハンテープなど簡単なクラフトツールを用意しておきましょう。またBSは堅苦しい会議ではありません。欲しいモノは上司の評価ではなく、良いアイデアです。参加者がリラックスし、場の空気が良いものになるなら、お茶菓子やドリンクを用意するのも一手でしょう。

⑧どの案を採用するかは多数決

ＢＳが終わり、場に出たアイデアの中からどれを推進すべきか決める際、ＩＤＥＯ社ではプロジェクトメンバーによる多数決をとります。多数決は投票用ふせん紙を自分が推すアイデア（複数可）に貼っていく方法で行われ、「バタフライ・テスト」と呼ばれます。投票するアイデアの決定には「単純にどのアイデアが良いか」だけでなく、メンバー間の人間関係・各人の利害・所属組織の事情等複雑な要素が存在します。しかし、それらすべてを含めても、多数決が最終的に一番うまくいく可能性が高い決定方法だとティム・ブラウンは言います。

⑨ＢＳの進行と進行役の心がけ

デザイン思考のＢＳでは進行役をひとり決め、その人が話し合うテーマの設定・変更を行う議長と、メンバーから出たアイデアを記録していく書記の2役を務めます。進行役はメンバーがＢＳに熱中できるように場をコントロールする重要な役割です。以下に進行役が気を付けるべきポイントを紹介します。

○テーマ設定は、アイデアがすぐに10個出るように

良いテーマ設定とは、すぐにアイデアが10個くらい出てくるような設定です。まんがの中で最初に三島が行ったテーマ設定「大きく体が動く」「強く五感を刺激」「ポジティブな気持ちになれる」では設定範囲が広すぎます。逆に「ストローの包装紙を使った気分転換」など、あまりに設定範囲を狭めても、窮屈で自由度を失います。皆が頭をひねって沈黙が多い場よりも、次々とアイデアが飛び交う熱狂と一体感のある場の方が、良いアイデアは生まれやすくなります。

○場の流れを停滞させない

一つのテーマには賞味期限があります。ずっと同じテーマでは次第にアイデアは出にくくなり、考える時間が多くなっていきます。それは危険な兆候です。せっかく温まった場の空気を冷やしてはなりません。BSの「流れ」が完全に途切れる前に進行役は新しいテーマを提示しなければなりません。それはまったくの新テーマでも、今まで出たアイデアの一つを深掘りするものでもかまいません。いずれにせよ、流れを止めないことが重要です。

○アイデアをふせん紙に書き込み、貼っていく

進行役は皆のアイデアをその場で大きめのふせん紙に書き込み、机に貼っていきます（机に貼り切れなくなったら壁に）。書き込むのは要点だけでかまいません。すべてを書き込むためにBSの流れを止めるのは逆効果です。貼られたアイデアが視覚情報として参加者を刺激するアイテムになります。またアイデアを比較検討する際に、比較しやすい位置に貼り直しもできます。ふせん紙にアイデアを書き込む際に、何個目のアイデアか分かるよう数字も同時に書き込むと、皆のモチベーションアップにもつながります。

○重要なルールは壁に貼る

ＢＳを行う際に重視すべきルールを大きめの紙に書き、壁に貼っておくことは有効です。どのルールを書くべきかは参加メンバーのＢＳに対する習熟度によって判断します。ちなみにＩＤＥＯ社では、先に述べた「他者のアイデアをもとにする」の他に「判断を焦らない」「野蛮なアイデアは歓迎」「話題から逸れない」などが貼られているそうです。

以上のルールと秘訣に加え、トム・ケリーは「良いＢＳを実現したいなら最低でも月２回はＢＳをするべきだ」と述べており、自身は毎日のように行うとも言っています。これはＢＳがトレーニングを必要とする難易度の高い「技能」であることを意味します。「階段の踊り場を有効活用できる方法はないか？」や「どうしたら僕らは経費精算伝票をもっとこまめに提出できるか？」などテーマは何でも良いので、普段からＢＳを行い、「本番」に備えてください。

第6章

発案②「プロトタイピング」

三島君
プロトタイピングは
魔物だよ？
ひとつ間違うと
プロジェクトそのものが
死んでしまう
きりっ

SHEE-n《シーン》本社
ふせん紙で出来たテーブルぅ!?
はい！
カフェで仕事をするお客さん向けの新サービスなんです
却下だ却下！そんな見たこともないモノ採用出来るわけないだろうが
そんな…絶対に受けます！
三島ぁ…
ぺしっ
黒字化したと言っても丸の口店の利益はいまだに全店最下位だぞ

そんな妄想に
ふけるよりも
他にすることが
あるだろう？
バタン…
それは
当然だな
え？
カチャ…
君と違って部長は
観察もブレイン
ストーミングも
してないのだよ
見たことも
聞いたこともない…
そんなモノを
言葉で説明して
理解してもらえると
思ったのかね？

自分に理解出来るものは他人も理解出来て当然
そう考えるのは傲慢《ごうまん》というものだ
うっ…
くる くる
そもそも君自身がふせん紙のテーブルというものを把握できているのかな？
勿論《もちろん》ですよ！
体を大きく動かしてテーブル全体に好きなものが書ける
解放感と楽しさで気分転換ができる
さらに仕事にも使える…
そんなテーブルです！
ぴたっ。
それは「商品コンセプト」にすぎない
私は「把握」と言った

テーブルの寸法は？構造は？導入コストは？
買うのかい？作るのかい？
店舗に導入した際に想定される問題点は？
そういうことを考えているかい？
あ…
う…
君が今すべきは「コンセプト」で上司を説得することではない
コンセプトを具体的な「モノ・サービス」にすることだ
三島君
「発案」のプロセスもいよいよ後半に突入した
もう観察 話し合いだけでは前に進めない
実際に作ってみるしかないんだ

さあ始めたまえ「プロトタイピング」(試作品作成)を
プ…プロトタイピング…?
という訳で
試作品を作ることになりました
うーん…机の脚や天板はホームセンターでも買えるけど…
問題はふせん紙ですよね
そうなんだ
そもそもテーブル大の巨大なふせん紙が手に入らないんだ

大西師匠 さすがっスねえ
言われてみれば ふせん紙のテーブルなんて 売ってないですもんね
確かに コンセプトだけじゃ 意味ねえや
大西さん…
そうだ! 大西さんは 文房具最大手 「ブブング」の 会長さんですうっ
大西さんに 頼めば…
実は… 頼んでみたけど 駄目だった
そんな巨大なふせん紙の 製造ラインはないし 莫大な数のロット生産が 見込めないと ラインは作れないって
ですよねえ〜〜〜
まあ とりあえず 出来るところから 始めるっスよ
俺 明日 ホームセンターで テーブルの天板と 脚買ってきます
ああ よろしく頼む
それでは 失敗するな

じーー…
わあっ!?
え…大西さん
なんでここに!?
ふっふっふ…
こんなことも
あろうかと
潜んでいたのだよ
鍵…
鍵は!?
ふふふっ…
こんなことも
あろうかと
開けて
おきましたっ♪
高梨君
グッジョブ!!
………
君は誰の
部下なんだ?
三島君
プロトタイピングは
魔物だよ?
ひとつ間違うと
プロジェクトそのものが
死んでしまう
きりっ
1回のプロトタイピングに
時間をかければかける程
ソレは
「失敗が許されないモノ」に
なってゆく

そして皆が「この案はもうダメだ」と分かったとしても…
もはや止められない状況に陥っていたりするんだ
最初はコンセプトを検証出来る部分だけ作れば良い
可能な限り「安く」「速く」
それがプロトタイピングの極意だ
なら…僕らがプロトタイピングしなきゃならないのは…
コンセプトは「書き込めるテーブル」だから
テーブルの脚と天板はいますぐ買う必要はないんじゃないですか？

「安く」か…
まずは
ふせん紙で出来た
テーブル面だけを
試作出来れば
いいんですよね
俺　明日大きな紙
買ってくるっスよ
店長
ちょ…
ちょっと待って
くださいい〜っ!!
包装紙なら
バックヤードにあるし
大きいし
裏は白紙だから
それで
作っちゃえば
ピラッ
「今すぐ」「速く」
プロトタイピング
出来ますぅ！
おおっ!!
それだっ!!
田中ちゃん
ナイスっ♪

わあ〜〜〜…
高梨さん
アイスカフェラテ
作ってきて
くれるかな
え
お客さんが
使うように
このテーブルを
使ってみたいんだ
了解でっす♪
「体験としての
観察」ですねっ!
ドキ
ドキ

スーー…ッ
あ…
いい…
いいな
このテーブル…
うわあ。
すごく楽しい♬
いいな〜…
店長…
子供みたい
ぐる
ぐる
うん!
「落書き出来る机」の
コンセプトは
絶対に間違ってない!

でも…胸元部分に
紙があたると
紙が反ってきてますぅ
ここ…
何か対策を
考えないと
店長…あと
見てください
カフェラテ…
あ…
グラスの結露で
紙が濡れちゃってます
これも何か
考えないとですね
いいスね
プロトタイピング！
良い所は
ホントに良いって
実感出来るし
マズいところもすぐに
分かるじゃないっスか

デザイン思考ではプロトタイピングを「小さく失敗すること」ととらえている
大きな失敗を犯すと立ち上がれない時がある
ず〜〜〜ん
ああ…もうダメだ…
しかし小さな失敗は次への活力になるものだ
よしっ！今度こそ!!
ぴょいっ
さあ！小さく速く何度も失敗を繰り返して「完成品」へ至るんだ
はいっ!!

成功する…
きっとふせん紙テーブルは成功する！
それでこの店にイノベーションを起こすんだ!!
……と思ってた頃が僕にもありました…
!?
どよ
どよ
どよ〜ん…

売っていない＆《アンド》オーダーメイドは高すぎる…
ということで巨大ふせん紙は自作することに決めたんです
テーブルはＡ１サイズで紙はコピー機で使われる上質紙か耐水性のある無地の包装紙にしました
糊《のり》は100円ショップで「貼ってはがせる糊」が調達可能なんです
でも…
バサッ..
1枚1枚糊付けして巨大ふせん紙にするのが難しいんです
すぐ しわや折り目がつくし紙の端がズレてしまうんです

それに作るのも2人がかりで
時間がかかるのも人件費的に問題なんですよね？店長
いっその事糊付けをやめて上端をクリッピングで済まそうかとも考えました
そうすれば 紙束を包装紙から取り出してクリップして終わりで安いし 綺麗ですから
でも糊付けにこだわりたい気持ちもあって…
このテーブルを使ったお客さんが仕事を終わりにして店を出る時
自分の書いた紙をはがしますよね
ゆっくり紙をめくっていくお客さん――

その時…その手に
糊付けをはがす
感触を感じる
その「感触」は絶対に
気持ちいいんです
でも
どうすれば〜〜〜!!
ああ〜〜〜
どっちを取れば
いいのか悩む！
悩みます〜〜〜!!
いよいよ
最終段階まで
きたね
三島君
高梨君
君達の
その苦しみは
「コンセプト」が
「商品」になろうとしている
生みの苦しみだよ

「モノ・サービス」を
生み出す時
そこには考慮すべき
3つの要素がある

「技術的実現性」
現在または近い将来に
実現可能な技術であるかどうか？

「経済的実現性」
コスト的に実現・存続可能な
ビジネスかどうか？

「有用性」
人間の真なる欲求をとらえており
ポジティブな感情をもたらすかどうか？

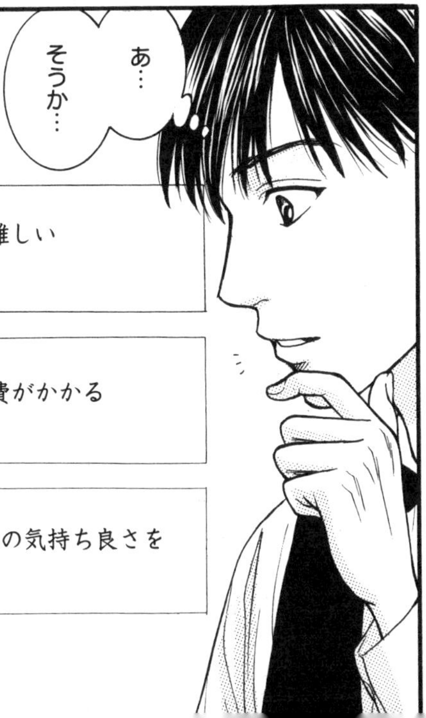
あ…
そうか…

綺麗に巨大ふせん紙を作るのが難しい
→「技術的実現性」の問題

2人がかりの長時間作業で人件費がかかる
→「経済的実現性」の問題

クリッピングと糊付けは 使う人の気持ち良さを
左右する→「有用性」の問題

ん〜〜と…クリッピングを選べば「技術」と「経済」は解決出来るけど
「有用性」が満たせない
糊付けを選べば「有用性」は満たせて「技術」は私達が熟練すれば近い未来に実現可能かも
でも「経済」が満たせないってこと…かな？
どっちを選ぶのが正解なんですかっ大西さ〜〜〜ん!!
どっちを選んでも不正解だよ三島君
三要素すべてのバランスを取る「解」を探すんだ
技術性
経済性
有用性
い…いや…
ですから全てを満たすのは難しいって…

「満たす」んじゃない
バランスを取るんだ
完璧である必要はないし 完璧なモノなど この世に存在しない
このテーブルを使う人が 満足出来る機能・価格・使い心地ならば それでいいんだ
「バランスを取る」という気持ちで問題を見直してみれば
思ったより道幅が広いことに気付くものだよ

解説6

「プロトタイピング」で構築し検証する

プロトタイピングは最速で最善に至る方法

「観察」により潜在的ニーズを見つけ、「ブレインストーミング」(以下BS)でモノ・サービスの商品アイデアを創造しました。次はいよいよ実際にモノ・サービスの試作品を作製する「プロトタイピング」です。「発案」はアイデアを創造・構築・検証するプロセスですが、このうちの構築・検証に該当するのがプロトタイピングです。

試作品の作製は非常に時間がかかり、面倒な作業に思うこともあります。考えることで詳細を突き詰めてからアイデアを実物化した方が効率が良いようにも思えます。しかし、それは間違いです。

起こりうる問題をすべてシミュレーションすることは不可能ですが、実際に実物を作ってしまえば、問題は目の前で起こるのです。リスクを予想するより、起きた問題に対処する方が簡単です。そして試作で明らかになった問題を解決するアイデアをBSを行って創造し、再度試作品作製を繰り返すことで、モノ・サービスは最適な形に近づいていきます。

つまりプロトタイピングは「たくさん失敗すること」が重要なのです。

たくさん失敗するための秘訣は、可能な限り安価に失敗すること、そして可能な限り短時間で失敗することです。逆に1回の試作品作製に大金と長い時間をかけることは、絶対にしてはならないことです。次の試作品を作製する余裕がなくなり、最悪の場合、開発にかかわった全員が失敗すると分かっていながら、モノ・サービスを市場に投入することになりかねません。

試作品を安く速く作り上げるコツは、必要な部分だけ試作することです。試作はBSで創造したアイデアが「潜在的ニーズ」を十全に満たしているかどうかを検証するために行います。その検証ができるのであれば、モノ・サービスの全体を作らずとも良く、また材質も変更してしまって良いのです。なお物理的な形がないサービスの場合は、必要に応じて利用状況を設定し、配役（受け手・送り手）を決めてロールプレイすることで、プロトタイピングを行うことがあります。

成功するモノ・サービスの3要素

モノ・サービスを創り上げていく過程で意識すべき重要な要素が3つ存在します。

・「技術的実現性」……現在、または近い将来に実現可能な技術であるかどうか
・「経済的実現性」……コスト的に実現・存続可能なビジネスかどうか
・「有用性」……人間の欲求をとらえており、ポジティブな感情をもたらすかどうか

これら3つの要素をすべてを十全に満たすことは非常に難しい挑戦です。そこでデザイン思考では前記3要素をすべて満たそうとするのではなく、「有用性」を中心に据えて他の2つのバランスを取ることを意識します。最初に、満たすべき人間の欲求である有用性を確定し、有用性が最も満たされる技術と価格のバランスを探るのです。

近年市場に定着したシンプル電子レンジ

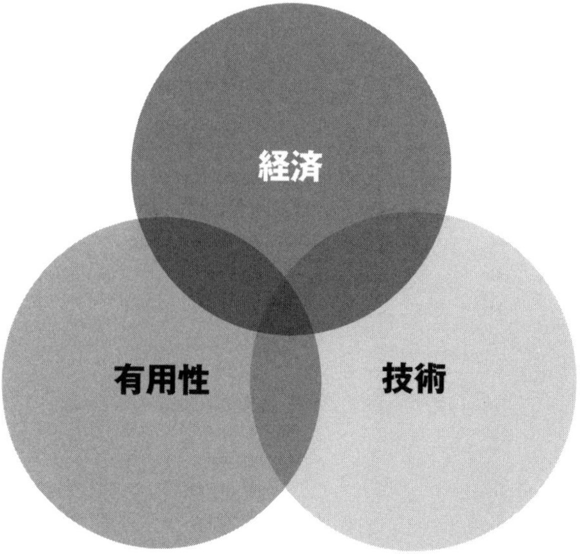

図表参考元：『クリエイティブ・マインドセット
想像力・好奇心・勇気が目覚める驚異の思考法』（日経BP社）

はその好例といえます。シンプル電子レンジは電子レンジの高機能・多機能化競争が激化し、同時に高価格化していく中で登場し、温めだけの単機能で安くて操作が簡単な電子レンジを手に入れたいという人間の欲求に応えました。反対に機能は素晴らしいけれど価格が高すぎて買う気になれない家電や、価格は安いけれども美味しくない飲食店などは「有用性」より「技術的実現性」や「経済的実現性」を優先してしまった例といえます。

プロトタイピングとBSは、有用性に重きを置きつつ、技術的実現性と経済的実現性のバランス配分を検討するプロセスでもあるのです。

コラム4

発散的工程と収束的工程を使いこなす

デザイン思考では、自由とある程度の無秩序を必要とする「選択肢を生み出す工程」を「発散的工程」と呼び、何が正しいかを決める論理的思考を必要とする「選択を行う工程」を「収束的工程」と呼びます。
「発案」のプロセスの中では、アイデアを創造するブレインストーミングは「発散的工程」であり、試作品を作成、評価するプロトタイピングは「収束的工程」となります。状況に応じてこの２つのどちらが必要かを考え、意識して使いこなすことが重要です。例えば、あなたの身の回りに「論理的ではない」と他者の意見を批判ばかりする人がいたならば、その人物は新しいアイデアを生み出す工程であるブレインストーミングにはふさわしくないでしょう。

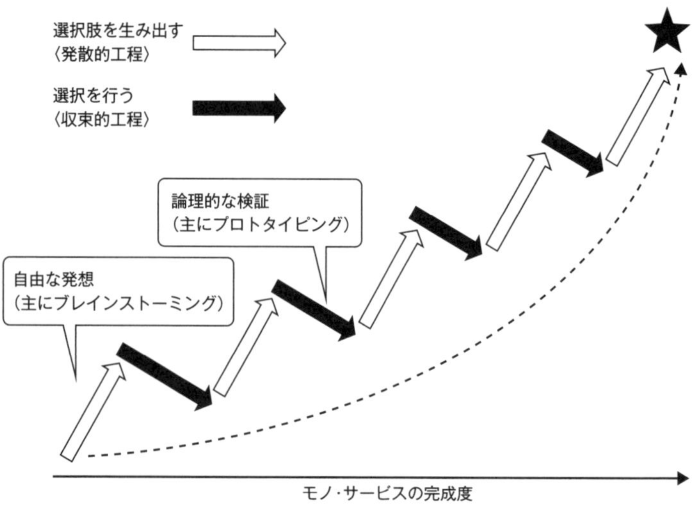

第7章

実現「プレゼンテーション」

CAFE SHEE-N
ついに明日は社内へのプレゼンだね
はい
君はデザイン思考の最終項「実現」に踏み込むことになる
しかし…
実はこの「実現」こそが最も困難なハードルとなることも多い

イノベーションには破壊的でいままでの常識では測れない側面があるからだ
全員が「なるほど」と言うようなモノにはならないのだよ
つまりイノベーションは本質的に保守的である経営層の賛同を得にくい
だが その難関を突破するための最後のアドバイスをこれから君に授けよう
納得させ共感させ親しみを感じさせる…
皆をこのテーブルのファンにするんだ三島君
成功を祈っているよ

翌日
SHEE-n《シーン》 本社
新商品
企画プレゼン会議

では次
丸の口店長
三島
はい
ざわっ…
彼が丸の口店を
黒字化した
三島か…
一体どんな企画を
プレゼンするんだ?
ボソ
ボッ
奴はいままで
一度も企画が
通ったことが
ないらしいぞ
丸の口店
店長の
三島です
僕が今回
プレゼンさせて
頂くのは…
自由に書き込める
ふせん紙テーブルです!

PC作業などでカフェを利用する顧客の気分転換と補助的な仕事利用を想定して企画しました！
テーブル…？
テーブルのプレゼンなんて過去に例がないぞ
ボソ
書き込めるってどういう意味だ？聞いたことがない
ボソ
一体どういうモノなんだ？訳が分からんな
ぷぷーっ！
三島のヤツやらかしやがった！
言葉だけじゃ納得出来ないのは当然です
ですので実物をお持ちしました！
ガチャ…

おおっ…
テーブル全体がふせん紙なのか
なるほど
テーブル全体に書き込むとはそういうことか
これが…「実物」の説得力!!

しかし三島君
これの導入コストは？
どんな物でも
高すぎては
意味がないぞ
それにテーブルの上で
ドリンクを
こぼされたら
終わりじゃないか？
もちろん　それは
想定内です
ドリンクなどによる
汚損については
樹脂製のランチョンマットの
貸し出しサービスと…
ガラッ
テーブル下に
キャスターで
サイドテーブルを
設けて対応します
実は紙については
耐水性のある
包装紙の流用も
考えました
しかし最終的には
書き心地とめくり心地を
優先し
コピー機に使う上質紙を
あえて採用しました
そして
コストですが…
脚と天板は
たいした費用では
ありません
ホームセンターで
1万5000円程度です

問題は巨大ふせん紙の作製難度と作製にかかる時間的コストでした
一旦は糊付けを諦めクリッピングにするか悩みました
が
最終的に顧客が満足出来るラインで「バランスを取る」事にしました
結果として糊をはがす感触は必須と考え覚悟を決めて
一人で作成できる治具《じぐ》を開発しました
糊付けも 今まで3往復していたのを糊をセロハンテープで2つつないで1往復にして
足りない強度はクリップで補強しました
紙をはがす時糊の感触があるならば
クリップで留めてあることは「客の満足度」に影響しないと判断《バランスを取った》したからです
以上により1枚の糊付けに約5秒
1枚あたりの人件費は1.5円
原料費40円と併せ最終コストは1枚41・5円まで抑えられました
これを使用1枚につき70円
事前購入の5枚セット300円での販売を想定しています!

なるほど…
それなりに運用計画も考えているということか
しかしどう思う？
どう思うも何も…店内で落書きなんぞされたら店の雰囲気が台無しだろう
類似したサービスを導入している競合他社はあるのか？
ウチが最初というのはリスクが高過ぎるんじゃないのか？
タン タン…
では実際にこのテーブルを使用するとどうなるのか…
御覧ください！

ふむ…
まあ
オフィス街の店舗では
よくある光景だな
ああ…
長時間のPC作業で
目が疲れたんだな
はぁ…
私は最近老眼で
目が疲れやすくてね
PC作業は
肩が凝って凝って…

?
何て言ってるんだ
無音だから分からんな
な…
店舗に設置したのか!?
許可も得ずに勝手なことを!!
やっちまったやっちまった…
あ〜あ…

…意外に悪くはないんじゃないか？
ふせん紙テーブル
そ…そうだな
意外と…
実は私も最初から可能性を感じてたんだ
だっ…
ダメだ！
ダメだダメだダメだ――っ!!
ガタッ
こんなモノは前例がない！丸の口店はやっと黒字化したばかりなんだぞ!!
なぜいま リスクを冒す必要があるんだ!?
そもそもカフェとは飲食店だ
落書き出来るテーブルなど本道をはずれている!!
ずか
ずか

ふざけるな!
丸の口店黒字化の
功績でこの俺が…
俺が取締役に
なれる可能性が
出てきたんだ!!
だがもし このテーブルが
変に世の注目を浴びて
その挙句失敗したら…
その芽が消えてしまう!
認めん!!
絶対に
認めんぞォーーーっ!!
……っ
ガチャッ
しっ…
失礼しまーす!

店長〜〜〜っ
ま…間に合いましたかー!?
走った〜
高梨さんよくやった!
間に合ったよ!
!?
すみません今朝は丸の口店のオーブンの調子が悪くて…
こんな展開になってしまいました
柚木部長
実は僕達も部長と同じ結論に達したんです
「カフェならではのもう一押しが欲しい…
飲食出来る気分転換が欲しい」と
開けてみてください
……?

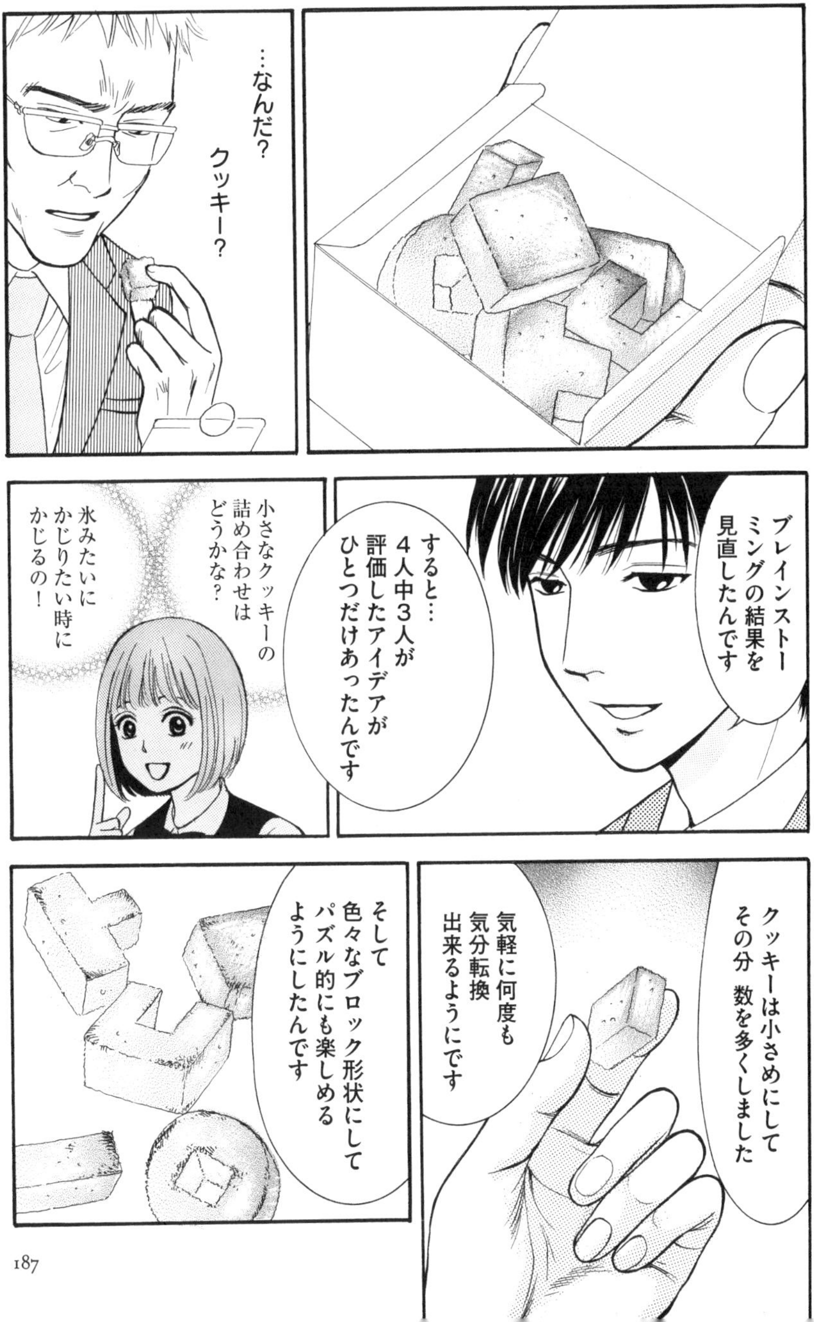
…なんだ？
クッキー？
ブレインストーミングの結果を見直したんです
するとと…4人中3人が評価したアイデアがひとつだけあったんです
小さなクッキーの詰め合わせはどうかな？
氷みたいにかじりたい時にかじるの！
クッキーは小さめにしてその分 数を多くしました
気軽に何度も気分転換出来るようにです
そして色々なブロック形状にしてパズル的にも楽しめるようにしたんです

「味覚」と「食感」に「指遊び」と「知的娯楽」を追加したこの商品を…
僕達は「アイデアBOX」と名付けました！
………
なんだこれは…
全然甘くないじゃないか
はい
豆乳とおからで作った糖質制限クッキーです
このクッキーは空腹を満たすためではなく「気分転換」のためのクッキーです
であれば「太る恐怖《ネガティブ感情》」を出来るだけ少なくするべきだと考えました

もちろん カフェのプライドで 味にはこだわりました
良質なバターを 多めに使って 塩味とコクを 増しています
そう…
か…
確かにこれは…
この2つは 良い商品だな
だが 認めるわけには…
うゞゞ…
…………
誰かホットを…
SHEE-n《シーン》 オリジナルブレンドを 1杯持ってきて くれないか?
しゃ… 社長!?
あ…
はいっ!
ガタッ…

カチャ…
ごくっ…
スー…
スッ…
パタッ

これは…
楽しいな

解説7

「実現」で市場への導入を成功させる

「実現」の2つのプロセス

「着想」「発案」を経て完成したモノ・サービスを、市場へ導入して成功させるためのプロセスが「実現」です。「実現」は、モノ・サービスを市場に小規模に投入して検証するプロセスと、所属する組織から開発したモノ・サービスを市場へ導入する承認を得るプロセスの2つによって構成されています。

前者の市場への小規模投入は、プロトタイピングが終盤に差し掛かってきたタイミングで行います。開発したモノ・サービスに対する顧客の実際の反応を観察し、そこで得た観察結果をもとにブレインストーミングを行い、改善策を考え、ブラッシュアップしていきます。このプロセスは市場を巻き込んで行うプロトタイピングともいえます。この工程で顧客から好意的な評価を得ることができれば、開発チームは成功を確信できるようになります。また、市場を巻き込んだプロトタイピングが成功したという事実は、そのビジネスにゴーサインを出す経営陣に対して強力なアピールとなります。
市場導入の承認を得る後者のプロセスについて、IDEO《アイディオ》社CEOティム・ブラウンは、イノベーティブなモノ・サービスが経営陣の承認を得ることの難しさを指摘しています。組織は大きくなればなるほど複雑な人間関係を内包し、様々な感情と思惑が飛び交います。また、その組織ごとに承認を得るために必要な独自のプロセスも存在します。
これだけでも十分に厄介ですが、さらに潜在的ニーズをもとに創り上げたイノベーティブなモノ・サービスには、過去の前例・実績がないという難点が存在します。これは経営陣に対し、前例のないモノを承認し責任を持つリスクを強いるということです。また潜在的ニーズに基づくモノ・サービスは、現在市場の中心に位置する「表面化されたニーズ」を否定し、過去のものにしようとします。
しかし、その過去のものにされる表面化されたニーズこそが経営陣にとっての常識であり、経営陣を現在の地位に押し上げたものなのです。つまりデザイン思考によって創られたモノ・サービスは、本質的に保守的な存在である経営陣に自己否定を強いるのです。そのようなモノ・サービスが承認されるためには経営陣が「理解」し、さらに「共感」をいだき、あわよくば経営陣に「支援者（ファン）」となってもらうことが有効だとデザイン思考では考えます。

「理解」「共感」「支援者（ファン）」

あなたが創ろうとしているモノ・サービスがどのようなものなのか、その機能を理解してもらうために最適な手段は、実物（試作品）を見せることです。目の前に出された実物の説得力にかなうものはありません。

「企画書がなかなか通らない」「言葉のやり取りではうまく意図が伝わらない」。そのような時に実物が手元にあるだけで、プレゼンや議論の充実度は確実に上がります。

モノ・サービスについて理解してもらえたならば、次は「共感」をいだかせることを目指します。共感とは「感情を共にする」こと。つまりそのモノ・サービスが顧客に対してどのような経験を提供し、結果どのような感情を生み出すのかまで想像させることです。

そのための手段としては「物語」が有効です。顧客がそのモノ・サービスを利用して満足する過程（カスタマージャーニー）を紙芝居で作成したり、顧客が実際に利用する様を撮影して動画にするなどの視覚情報を持つ物語にして提示するのです。

頭の中で想像させるだけでなく、実際に体験してもらうことも非常に有効です。自ら体験し、共感に確信を持った場合、その人間はそのモノ・サービスを積極的に支援してくれるファンとなる可能性があります。ファンを経営陣に数多く作ることができれば市場に導入できる可能性は非常に高まります。
そして「理解」「共感」「支援者」の3要件が最も成功した時、そのモノ・サービスのプロジェクトは、実現に向けて踏み出すことになるでしょう。

終わりによせて

デザイン思考の3つのプロセスすべての解説が終わりました。
本書を閉じ、顔を上げ、目前の光景をデザイン思考の目で見た時、きっとそこには今までとは異なる驚きと発見に満ちた世界が広がっているはずです。あなたが成し遂げるイノベーションがたくさんの人々にポジティブな感情をもたらし、ことによっては人類の発展に貢献する、そんな未来がきっと実現します。
なぜならあなたには創造力があるのですから。

エピローグ
――でね
希望すれば色鉛筆も
貸してもらえて
すっごく楽しいんだって
知ってる！
それにヘルシーで
太らないクッキーも
あるらしいよ
あ ほら
あそこじゃない？
ふせん紙テーブルは
予約制でして…
1時間利用席は現在
8組のお客様が
お待ちです
アイデアBOXと
アイスカフェラテ
お2つですね
ありがとう
ございます！
三島君

大盛況だね
大西さん！いらしてたんですか
この光景…
以前とは見違えるようじゃないか
はい
最初は仕事利用のお客様が多かったんですが
グループで来店された女性のお客様がＳＮＳに投稿されて
そこからはあっという間に…

皆さんアイデアBOXをつまみながら絵を描いて会話を楽しまれています
ですのでふせん紙テーブルを現在6席設置してまして
3つは本来の仕事目的のお客様用に時間無制限
残りの3つを1時間利用席にしてるんです
なぜだね？
全席1時間制にした方が利益は上がるだろう？
仕事中に質の良い気分転換をする
絵を描き クッキーをつまみながらコミュニケーションを楽しむ
どちらの「本質的欲求」にも応えたいからです

え?
STAFF ONLY
ふせん紙テーブルとアイデアBOXを全店展開に!?
ああ
社長が決断した
他社に真似られる前にこの2つをSHEE-n《シーン》でブランド化する
最近はクリエイティブ系の客も増えてきて
マスコミでも紹介され始めているしな
CAFE SHEE-n
おめでとうございます店長――!!
やりましたねっ♪
にゅっ
すげー全店展開…
いやーみんなのおかげだよっ♪
お前ら仕事しろ
それとな…

お前は来週から本社配属が決まった
え…
しかも商品開発部のチーフに抜擢だよ
おめでとう
えええええっ!?
ありがとうございます
でも…辞退させていただけないでしょうか
はあっ!?

僕はずっと「創造力」の有無は生まれつきのものでそして それは自分にはない…そう思っていました
でも違ったんです
デザイン思考を実践することで僕も変わって店の皆も変わった
創造力は誰にでもあったんです
三島…
そしてもうひとつ大きな発見がありました
創造することは楽しい！

柚木部長
この店は繁盛店になりました
でも宿り木亭にはまだまだ及びません
宿り木亭
僕はこのチームで丸の口店にもっとイノベーションを起こしたいんです！
店長っ！
それでそれで？
次はどんな経験をデザインしますか？
わくわく

そうだな
まずは…
観察から始めよう

あとがき

デザイン思考は21世紀の必修科目

田村 大

複雑で変化の激しいこの時代に、イノベーションを生み出すための手法として、あるいは新しいマーケットを創造する手段として、「デザイン思考」に陽が当たるようになってから、何年かが過ぎた。その間、デザイン思考の概念を解説する書籍や雑誌・オンラインの記事などは、日本語でも大量に発信され、デザイン思考という言葉は、イノベーションに携わるビジネスパーソンに限らず、ビジネス界隈に広く市民権を得たといっていいだろう。

では、どうデザイン思考を用いてイノベーションを起こしていくのか。「これを具体的に踏み込んで解説するような書籍を紹介してほしい」――これは、監修者にしばしば寄せられる質問だ。意外なことに、この問いに真正面から応えるようなものが、これまで存在していなかったように思う（特に、日本語の書籍では）。そういう意味で、本書はそんな実務家たちのかねてからのニーズに応える、重要な役割を担うことになるだろう。「デザイン思考という概念は分かった。次は、それを自分たちのビジネスに活かしていきたい」という、意欲ある方々に、まずは本書を手に取っていただくことを願っている。

さて、デザイン思考という概念について、その歴史的背景に少々触れながら、その成り立ちと21世紀のビジネスにおける位置付けを掘り下げていこう。そもそも「デザイン思考」、英語で“Design Thinking”という言葉が初めて使われたのは、アメリカやヨーロッパの建築設計の世界だとされる。トライ&エラーを繰り返しながら、真に解決すべき課題を発見するプロセスとして提唱され、その後、建築や都市計画の範疇《はんちゅう》を超えて、創造的プロセス全般に広がるようになっていった。

デザイン思考がビジネスの世界で注目を集めるようになったのは、シリコンバレーの中心、パロアルトに本拠を構える世界的デザインファーム・IDEO《アイディオ》が、「人間中心のイノベーション」を実現する方法として体系付け、同社のデザイン・コンサルティング・メソッドとして、大々的なプロモーションを行うようになってからのことだ。人間の潜在的なニーズ（unmet needs）を観察やインタビューを通じて掘り起こし、プロトタイピングを繰り返しながらユーザーにとって本質的に価値ある製品・サービスを生み出していくプロセスは、すでに本書でおなじみのことだろう。小児用歯ブラシから最新鋭のfMRI※まで、新興国向けの足踏み式井戸からグローバル・メガバンクの金融商品まで、幅広い領域でイノベーションを起こしてきた同社の実績は、まさにデザイン思考のショーケースといえる。新規事業の立ち上げにも過去の成功例を求める、文字通り「石橋を叩いて渡る」カルチャーの成熟企業にとっては、IDEOが成し遂げてきた裾野の広いイノベーションの実績は、デザイン思考に取り組むうえで、強力な動機付けになったことは間違いない。

ところで、デザイン思考が世界の注目を集めたもう一つのバックストーリーは、IDEOの成功譚ほどには知られていない。だが、デザイン思考の世界的な広がりに、より本質的な影響をもたらしたように思うので、ここでも紹介したい。端的にいえば、米国の「東海岸の雄＝ハーバード大学」と「西海岸の雄＝スタンフォード大学」による、イノベーションにおける覇権争いだ。

※編集部注：fMRI…MRI装置を使って脳や脊髄の活動を調べる方法。

アメリカ合衆国建国以来、米国の政治経済を牛耳ってきたハーバード大学卒のエリートたち。ハーバード大学で重視される教育は、「ディベート」と称される公開討論にその一端がある。あらかじめ異なる立場を定めて議論を交わし、相手をロジックで打ち負かすこの知的格闘技は、まさにハーバード大学のお家芸。ハーバード大学に「ロジカル思考（Logical Thinking）の殿堂」というアイデンティティを付与した所以でもある。ハーバード大学卒業生たちの緻密な論理構成力は、彼ら彼女らが米国の様々な分野でリーダーシップを握るドライビングフォースとなり、それぞれの分野における問題解決・意思決定の基準を形成する源となった。

他方、企業や組織が直面するイノベーションのジレンマ、すなわちイノベーションの重要性を認識していても、合理的・論理的に思考するがゆえに変化にブレーキをかけてしまうという矛盾が、結果的に企業・組織の衰退を招いてしまうことも露見してきた。「破壊的イノベーション」と呼ばれる、従来の事業における標準や常識を塗り替える画期的な製品・サービスを生み出し、まったく新しいマーケットを生み出す試みに注目が集まったのも自然の成り行きだった。この破壊的イノベーションの旗手が、シリコンバレーを中心とする米国西海岸のスタートアップ企業であり、それらスタートアップ企業への人材供給源として圧倒的な存在感を誇る大学が、スタンフォード大学だったのだ。

スタンフォード大学には、IDEOの共同創業者であり同大学工学部教授のデビッド・ケリーが中心になって２００４年に立ち上げた、通称“d.school”（正式名称は、Hasso Plattner Institute of Design）というデザイン思考を学ぶ教育プログラムが存在する。d.schoolの先進性を広く世に知らしめた契機は、２００５年8月にBusinessweek誌で特集された1本の記事“Tomorrow's B-School? It Might Be A D-School”だった。この記事では、ハーバード大学経営大学院を頂点とするビジネススクールに代わって、デザイン思考を教えるd.school のような創造性教育が、これからの産業界が必要とするリーダー人材、とりわけ起業家を生み出す要になることを予見するものだった。２００８年のリーマンショックで金融資本主義が崩壊し、米国経済のけん引役をシリコンバレーのスタートアップ企業が取って代わったことは、d.schoolの名声に一層の拍車をかけることにつながった。

　監修者が２００９年に共同創設した東京大学 i.school は、この流れを汲んだ日本初の試みで、ＩＤＥＯやスタンフォード大学d.schoolなどの支援を受けながら質の高いプログラムの設計・運営を独自に行ってきた。東京大学全学から参加を募り、厳しい選考をくぐり抜けた精鋭たちは1年の履修を経てイノベーション・リーダーに成長し、その後、自らスタートアップ企業を立ち上げ、あるいは産官学の各分野で変革の旗手として活躍を始めている。デザイン思考は確実に、日本の社会にも根付き始めた。

　もはや、21世紀の政治経済を背負う人々の必修科目になったといってもいい、デザイン思考。読者がこの本をきっかけに自らの実務に活かし、何度も繰り返すことでその奥義を体得していくことを期待したい。ある有名デザイナー曰《いわ》く、「僕はあえて観察なんてしません。なぜなら、毎日ずっと観察し続けているから」。デザイン思考にも通じる、熟達への道である。

田村 大（たむら ひろし）

株式会社リ・パブリック共同代表。東京大学i.school共同創設者。人類学的視点から新たなビジネス機会を導く「ビジネス・エスノグラフィー」のパイオニアとして知られる。現在は、国内外の産官学を結んだ数々のオープンイノベーションのプロジェクトを企画・運営し、新たな「イノベーション生態系」のあり方を模索する。主な共著に『東大式　世界を変えるイノベーションのつくりかた』（早川書房）。京都大学、九州大学、一橋大学などで、デザイン思考に基づくイノベーションの実践教育を担当。本書の監修者。

［シナリオ・記事］
小田ビンチ（おだ びんち）
長野県生まれ。東京大学卒。商社勤務を経て、漫画家・漫画原作者に。主な著書は『商社マンは今日も踊る』。『べじまん』『人生にも仕事にも役立つ徒然草』『たった1分で人生が変わる片づけの習慣』の作画担当など。

［まんが］
坂元 勲（さかもと いさお）
奈良県生まれ。デビュー以来、女性向けコミック誌「ベツコミ」「月刊フラワーズ」「ちゃおホラー」などで幅広い作風で活躍。著書は『バイオレンスなパートナー』『人生まっぷたつ』『ぞくっとする本』『闇芝居』など多数。

［監修］
田村 大（たむら ひろし）

装丁・本文デザイン／伊波光司＋ベイブリッジ・スタジオ
校閲／小学館出版クオリティーセンター
制作／宮川紀穂　販売／大下英則　宣伝／島田由紀
編集／畛 俊之

主な参考文献
『クリエイティブ・マインドセット 想像力・好奇心・勇気が目覚める驚異の思考法』日経BP社
『デザイン思考が世界を変える』早川書房
『発想する会社！――世界最高のデザイン・ファームIDEOに学ぶイノベーションの技法』早川書房
『イノベーションの達人！――発想する会社をつくる10人の人材』早川書房

まんがでわかるデザイン思考

2017年10月30日　初版第1刷発行

著者　小田ビンチ・坂元勲
発行者　清水芳郎
発行所　株式会社小学館
〒101-8001　東京都千代田区一ツ橋2-3-1
電話　編集　03-3230-5112
販売　03-5281-3555
印刷所　大日本印刷株式会社
製本所　株式会社若林製本工場

ISBN978-4-09-388576-8